よくわかる医薬品株

業界の特長から主要銘柄の見方まで

クレディ・スイス証券

酒井 文義 著

化学工業日報社

はじめに

　医薬品は知的集約産業の結晶です。生命関連性の高さゆえに様々な困難と規制のなかで新薬の開発を行っています。一方で誤解されやすいことも事実です。高い価格（薬価）をつけて高収益を上げていることに対する批判や、副作用問題などで世の中を騒がしてしまうこともあります。

　いずれにしても新薬の開発が病気の治療に多大な貢献をしてきたことは間違いないでしょう。例えば昭和40年頃は胃潰瘍は手術が治療の一番目の選択肢でししたが、H2ブロッカーの登場で経口薬での治療が可能になりました。日本で代表的なH2ブロッカーとなった山之内製薬（現アステラス製薬）のガスターは今でも一般用医薬品「ガスター10」として第一三共ヘルスケアが販売しています。

　医薬品企業の社会的使命は必要とされる新薬を開発して、人々の健康な生活に貢献することです。新薬の開発には10年単位の時間が必要ですが、その間に医学は進歩します。医学の進歩についていけずに開発が失敗することも多々あります。開発に成功すれば市場（患者）は世界中にいるので、高いリターンを得ることができます。もちろん医薬品企業は新薬／新製品開発に投入した研究開発費を回収し、切れ目のない新薬開発を目指します。新薬開発に失敗すると投入した研究開発費を回収できないだけではなく、株式市場からも手厳しい評価を受けることになります。医薬品業界はディフェンシブという印象とは裏腹に、実は谷あり山ありの業界といえるでしょう。

筆者は証券アナリストして医薬品業界を 20 年間以上にわたってカバーしてきました。ちょうど新薬開発のサイクルを 2 回くぐったことになります。この間、国内の再編や大型買収、ゲノム相場や 2010 年問題など大きなイベントが発生しました。医薬品業界の環境は海外では急速に変化し、国内でも変化の波が高くなってきました。これからの 3 年間は医薬品企業にとって正念場となるでしょう。すでに欧米のメガファーマに規模では周回遅れになってしまったことは厳然たる事実ですし、今からグローバルメガファーマを目指すことは現実的ではありません。

　日本の医薬品企業は自らの強みを活かすような身の丈にあったビジネスモデルを追求しようとしています。それは間違いなく正しい選択肢です。ただし小手先の変革ではこれからのグローバル大競争時代を勝ち抜くことはできません。今後の各社の取り組みが注目されるゆえんです。

　個人投資家には医薬品株はディフェンシブで配当狙いという方々が多いのではないでしょうか。医薬品株はもっとダイナミックです。今後さらに新薬開発や M&A、再編などで大きなうねりが生じるかもしれません。業界の現状について理解を深めていただくために本書が少しでもお役に立てれば深甚の極みです。

2016 年 4 月

酒井　文義

目　次

はじめに

序　章

第1章　医薬品業界の基礎

1. 医薬品の定義 ……………………………………… 3
2. 創薬に必要なもの ………………………………… 7
3. 新薬はどのようにして開発されるのか …………… 8
4. 医薬品業界の特徴 ………………………………… 11
5. 規模で劣る日本の医薬品企業 …………………… 13
6. 国内再編は一巡 …………………………………… 15
7. 世界の医薬品市場の成長ポテンシャルは大きい ……19
8. 最先端を走る米国の医療 ………………………… 22

第2章　株式市場と医薬品セクター

1. 医薬品国内市場 …………………………………… 27
2. 海外の医薬品市場 ………………………………… 30
3. 医薬品ビジネスモデルの変遷 …………………… 31
4. 医薬品株を理解しよう …………………………… 37
5. 株価と時価総額 …………………………………… 42
6. 株価バリュエーション …………………………… 45

第3章　情報を集める

1. 必要かつ役立つ情報を見極めよう ・・・・・・・・・・・・・・・・・ 53
2. インターネットに溢れる情報 ・・・・・・・・・・・・・・・・・・・・ 53
3. 意外と少ない月次データ ・・・・・・・・・・・・・・・・・・・・・・ 54
4. 企業の発表する開示情報や決算資料を利用しよう ・・ 56
5. 企業HPの注目ポイント ・・・・・・・・・・・・・・・・・・・・・・・ 56
6. 決算発表や会社主催のイベントに注目 ・・・・・・・・・・・・ 57
7. その他役に立つサイト ・・・・・・・・・・・・・・・・・・・・・・・・ 58
8. 薬価制度を理解しよう ・・・・・・・・・・・・・・・・・・・・・・・・ 59
9. 専門用語に馴染もう ・・・・・・・・・・・・・・・・・・・・・・・・・ 63

第4章　米国の医薬品市場と欧州医薬品企業

1. 米国の医療制度 ・・・・・・・・・・・・・・・・・・・・・・・・・・・・ 73
2. FDA（Food and Drug Administration：
   　　　　　　　　　　　　　食品医薬品局）の存在 ・・ 83
3. 欧州医薬品企業の現状 ・・・・・・・・・・・・・・・・・・・・・・・ 87

第5章　医薬品業界の注目点

1. 2015年を鑑みて短期的な注目点 ・・・・・・・・・・・・・・・・ 95
2. 制度改定リスクへの対応策は自助努力 ・・・・・・・・・・・ 103
3. 新たな収益モデルを構築する動きが浮上 ・・・・・・・・・・ 104

4. 中期的な注目点 ････････････････････････ 105

5. 長期的注目点 ････････････････････････ 117

6. 2016年の政治政策日程 ･･････････････････ 120

7. ゲームチェンジャーとなる大型新薬 ･････････ 122

第6章　医薬品業界はどこへ向かうのか

1. 大手の憂鬱 ････････････････････････････ 133

2. 大手を追撃する5社体制 ･･････････････････ 137

3. 研究開発で生き残るために ････････････････ 141

第7章　主要銘柄を紹介

協和発酵キリン (4151) ･･･････････････････ 149

武田薬品工業 (4502) ･････････････････････ 153

アステラス製薬 (4503) ･･･････････････････ 157

大日本住友製薬 (4506) ･･･････････････････ 161

塩野義製薬 (4507) ･･･････････････････････ 165

田辺三菱製薬 (4508) ･････････････････････ 169

中外製薬 (4519) ･････････････････････････ 173

エーザイ (4523) ･････････････････････････ 176

小野薬品工業 (4528) ･････････････････････ 180

参天製薬 (4536) ･････････････････････････ 183

ツムラ (4540) ･･･････････････････････････ 187

沢井製薬 (4555) ・・・・・・・・・・・・・・・・・・・・・・・・・・・・・・・・・・・・・ 190

第一三共 (4568) ・・・・・・・・・・・・・・・・・・・・・・・・・・・・・・・・・・・・・ 194

大塚ホールディングス (4578) ・・・・・・・・・・・・・・・・・・・・・・・ 198

大正製薬ホールディングス (4581) ・・・・・・・・・・・・・・・・・・ 202

本書は情報の提供のみを目的としており、取引を勧誘するものではありません。本書文章、図表は各社・業界資料等を元に著者が分析・作成していますが、実際の取引にあたっては、最新の情報などを加味して各自の判断と責任において行って下さい。

序 章

医薬品株のパフォーマンスを検証しましょう

　本章に入る前に医薬品株のパフォーマンスを検証してみましょう。2016 年の株式市場は大発会から 5 日連続の下落という波乱の幕開けとなりました。中国経済の先行きや原油安、米国の利上げによる新興国からの資本流出の加速による景気減速懸念などが、株式市場の流れを一気に逆流させました。こうした局面ではディフェンシブとされる医薬品株は底堅いはずですが、結果はどうなったでしょうか。

まず 2015 年の株価パフォーマンスをみてみましょう

　2015 年を通して医薬品株は非常に好調でした。東京証券取引所の主要業種のなかでトップの上昇率となりました。株価上昇率の第 2 位が小売業、第 3 位が食品、第 4 位が IT サービス、第 5 位が物流ですから、国内の消費関連のパフォーマンスが良かったわけです。とくに医薬品、小売り、食品のパフォーマンスはずば抜けています。

ディフェンシブだけではない医薬品株

　医薬品株が好調だった背景は本章で述べていますが、ただ単にディフェンシブというだけではこれだけのパフォーマンスはあげられません。イノベーションに基づく新薬開発の進展や、イノベーションを支援するための制度改正が評価され、医薬品企業が事業拡大のチャンスをものにし、成果を出したからにほかなりま

セクターパフォーマンス

(単位%)

	1ヵ月	順位	3ヵ月	順位	6ヵ月	順位	9ヵ月	順位	2015	順位	2年	順位
医薬品	2.1	↑ 1	13.8	↑ 1	8.2	↑ 2	8.6	↑ 2	18.5	↑ 1	20.0	↑ 2
小売業	-1.2	↗ 6	-0.9	↗ 5	0.7	↗ 7	4.3	↗ 6	15.1	↑ 2	9.0	↑ 4
食品	1.8	↑ 4	7.4	↑ 2	8.2	↑ 1	7.6	↑ 3	13.2	↑ 3	22.8	↑ 1
情報通信・サービスその他	1.1	↗ 5	1.9	↑ 4	3.6	↗ 5	2.3	↗ 7	6.0	↑ 4	-2.1	→ 8
運輸・物流	2.4	↑ 1	2.1	↑ 3	5.0	↑ 4	6.2	↗ 5	5.2	↗ 5	15.0	↑ 3
建設・資材	-1.3	↗ 7	-1.5	↗ 7	6.2	↑ 3	7.0	↑ 4	2.7	↗ 6	0.0	↗ 6
素材・化学	-2.7	↓ 10	-1.3	↘ 6	1.0	↗ 6	-2.5	→ 10	1.0	↗ 7	8.8	↗ 5
金融（除く銀行）	-3.8	↓ 12	-7.2	↓ 13	-10.5	↓ 16	-3.4	↘ 11	-0.3	→ 8	-16.7	↘ 12
電気・ガス	1.9	↑ 3	-7.1	↘ 12	-1.3	↗ 8	9.7	↑ 1	-0.3	→ 9	-0.7	↗ 7
銀行	-2.8	↘ 11	-7.2	↓ 14	-10.2	↓ 14	-1.9	↘ 9	-2.1	→ 10	-17.5	↘ 13
商社・卸売	-1.9	↘ 9	-5.2	→ 10	-5.7	→ 10	-1.7	↘ 8	-6.8	↘ 11	-12.1	↘ 11
自動車・輸送機	-5.1	↓ 14	-5.3	↘ 11	-3.2	↘ 9	-6.6	↘ 12	-7.6	↘ 12	-10.3	↘ 10
電気・精密	-6.8	↓ 17	-4.0	↘ 8	-8.9	↘ 12	-14.0	↓ 16	-10.4	↘ 13	-7.9	↘ 9
不動産	-1.5	↘ 8	-10.3	↓ 16	-6.4	↘ 11	-13.3	↓ 15	-13.5	↓ 14	-31.2	↓ 16
エネルギー資源	-5.9	↓ 15	-10.6	↓ 17	-9.3	↘ 14	-10.4	↓ 13	-14.6	↓ 15	-27.6	↓ 15
機械	-6.2	↓ 16	-4.0	↘ 9	-10.3	↓ 15	-12.3	↓ 14	-15.4	↓ 16	-19.6	↓ 14
鉄鋼・非鉄	-4.5	↓ 13	-9.0	↓ 15	-15.1	↓ 17	-17.2	↓ 17	-21.1	↓ 17	-31.8	↓ 17
Topix	-6.6		-4.5		-11.3		-8.5		11.9		15.5	

出所：ブルームバーグ

せん。医薬品株の王道である新薬への投資が日の目を見たといえるでしょう。新規の抗がん剤や再生医療などのテーマが注目されたことも明らかです。

2016年も医薬品株が注目される局面はありそう

翻って 2016 年は厳しいスタートとなりました。医薬品株も下降局面では高バリュエーションが仇となり利益確定の売り圧力にさらされました。2016 年の株式市場は波乱含みの展開となりそうです。医薬品株がディフェンシブ性とテーマ性から再度注目される局面が訪れるかもしれません。その際に重要なのは言うまでもなく銘柄選択です。2015 年もすべての医薬品株が上昇したわけではありません。武田薬品工業やアステラス製薬などの大型株ではなく、小野薬品工業や中外製薬、協和発酵キリン、エーザイ

などが相場をリードしました。一言では説明できませんが、重厚長大型ではなく、欧米メガファーマとの提携で活路を見出した企業が評価された格好です。2016年も同様の傾向が続きそうですが、どこかで重厚長大型の復活もあると思います。投資機会を逃さないように、じっくり企業行動を観察していきましょう。

主要医薬品企業の株価パフォーマンス

銘柄		2015年 株価騰落率 (%)	2016年1月4日—1月29日 株価騰落率 (%)
4151	協和発酵キリン	+68.6	-7.9
4502	武田薬品工業	+21.4	-6.5
4503	アステラス製薬	+2.7	-6.0
4506	大日本住友製薬	+22.2	-6.6
4507	塩野義製薬	+76.1	-5.9
4508	田辺三菱製薬	+18.4	-6.5
4519	中外製薬	+43.0	-10.1
4523	エーザイ	+72.6	-11.0
4528	小野薬品工業	+102.1	-11.6
4536	参天製薬	+55.0	-6.2
4540	ツムラ	+25.9	-4.7
4555	沢井製薬	+19.7	-1.8
4568	第一三共	+48.7	-0.9
4578	大塚ホールディングス	+19.4	-8.3
4581	大正製薬ホールディングス	+15.9	-7.6
	TOPIX	+9.9	-10.0
	TOPIX-Pharma	+32.6	-7.0

出所：トムソン・ロイター

第1章

医薬品業界の基礎

1. 医薬品の定義

医療用医薬品と一般用医薬品

　医薬品、薬は現代生活に欠かせないものです。普段は薬嫌いという方も発熱や頭痛などの症状がつらい時に服用して、快方に向かったという経験はあるはずです。一口に薬と言っても、テレビなどで広告される総合感冒薬から、抗がん剤や糖尿病治療などに使われる命に直結するような薬まで多種多様なものが存在します。医薬品は医療機関の医師によって処方される医療用医薬品とドラッグストアーなどで販売されている一般用医薬品の二つに大きく分類されます。

図1-1　医療用医薬品と一般用医薬品の違い-①

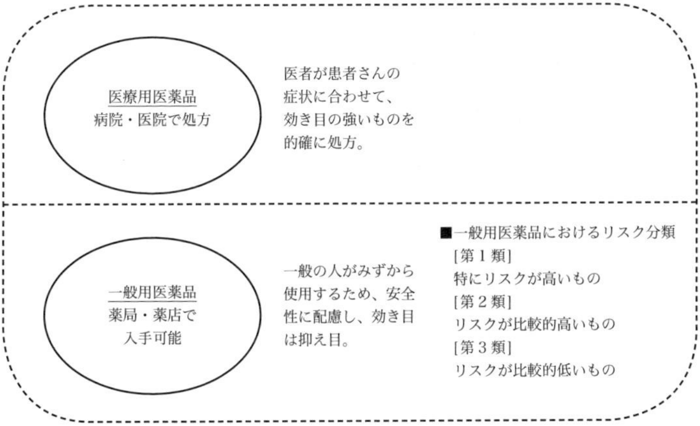

出所：日本製薬工業協会

よくわかる医薬品株

表1-1　医療用医薬品と一般用医薬品の違い-②

		医療用医薬品	一般用医薬品
定義		医師若しくは歯科医師によって使用され又はこれらの者の処方せん若しくは指示によって使用されることを目的として供給される医薬品をいう。	医療用医薬品として取扱われる医薬品以外の医薬品をいう。すなわち、一般の人が薬局等で購入し、自らの判断で使用する医薬品であって、通常、安全性が確保できる成分の配合によるものがある。
承認審査上の違い		医師等の管理が必要な疾病の治療・予防に使用されることを前提に、有効性及び安全性を比較考量して審査される。	一般の人が直接薬局等で購入し、自らの判断で使用することを前提に、有効性に加え、特に安全性の確保を重視して審査される。
各承認事項毎の対比	効能・効果	医師の診断・治療による疾患名（例：胃潰瘍、十二指腸潰瘍、胃炎、Zollinger-E llison症候群）	一般の人が自ら判断できる症状（例：胃痛、胸やけ、もたれ、むかつき）
	用法・用量、剤型	医師が自ら又はその指導監督下で使用するものであって、用法や剤型に特に制限はない。	一般の人が自らの判断で適用できるよう、・一般の人が使いやすい剤型（注射剤等は適当ではない。）・用量は、通常、医療用の範囲内としている。
	使用上の注意	医師、薬剤師等の医療関係者にとって見やすくわかりやすいもの。	一般の人に理解しやすいもの。症状の改善がみられない場合には、服用を中止し、医師、歯科医師又は薬剤師に相談することを記載。

出所：厚生労働省
注：新規の承認審査に必要とされる資料の範囲（物理化学的性質、安定性、毒性、薬理作用、臨床試験等）については両者に差がないが、一般用医薬品においては、安全性の確認が行われてきた成分についての既存の資料が活用できる場合が多い。

医療用は処方薬、一般用医薬品は第1類から第3類である

　医療用医薬品は医師が発行した処方箋を患者が調剤薬局へ持参して、処方してもらい購入するケースが主流です。一般用医薬品を購入するのに処方箋は必要ありませんが、調剤薬局に常勤する薬剤師から服用に関する情報提供を義務付けられている第1類医薬品、情報提供が努力義務となっている第2類医薬品、情報提供が不要な第3類医薬品に分類されています。本稿で主に言及するのは医療用医薬品です。

　ではどうして医療用医薬品は病院などの医療機関や医師の診断と処方に基づき使用されるのでしょうか。それは効き目が強い反面、ときに重大な副作用を引き起す可能性があるため、医師が患

者の症状や体質などに応じて使用を指示する必要があるためです。対象となる疾患も多岐にわたります。医療用医薬品は製品名や有効な特許期間の有無により「先発品」、「長期収載品」、「後発医薬品（ジェネリック）」、などに区分できます。先発品は特許期間が有効で新薬メーカーが中心となって開発、販売を手掛けています。長期収載品は先発品として発売されましが、すでに特許期間が切れている製品です。同じ製品名で先発品メーカーが販売を継続しています。ジェネリックは特許が切れた先発品と同等、同効の成分で承認、発売される低価格の製品です。薬価は長期収載品の6掛けで発売されていましたが、2016年4月からは5掛けで発売されることが決まりました。政府は将来的に国内で処方されるジェネリックの数量シェアを現行の56％から2020年度末に80％へ引き上げる方針です。ジェネリック大手の日医工、沢井製薬、東和薬品などは数量増に伴う製品の増産、安定供給、品質維持のための設備投資の増額を迫られています。

図1-2　医薬品の特許期間による分類

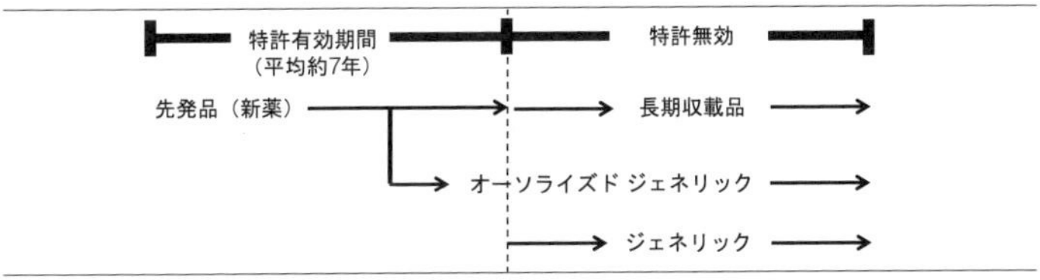

出所：クレディ・スイス

一般用医薬品はOTC，大衆薬、市販薬として身近な存在

　一般用医薬品は処方箋が無くてもドラッグストアーや薬局などで購入できる医薬品です。一般薬、大衆薬、市販薬などとも言わ

よくわかる医薬品株

れています。ドラッグストアーや薬局の店頭でカウンター越しに手渡されることからOver the Counter Drugを略してOTC薬とも呼ばれます。医療用医薬品と比べて効き目は緩やかですが、副作用のリスクが比較的少ないため、我々の日常生活に欠かせない存在と言えます。患者やその家族が病気の初期の段階や、軽い頭痛や下痢、けがなどの場合に、自覚症状に基づいて自らの判断で購入して使用することができます。ただし対象となる疾患は、医療用医薬品に比べて限られています。

セルフメディケーションの勧め

最近では医療費節減の面からも、病気の初期の段階や軽い症状の場合は一般用医薬品によって患者が自ら治療する「セルフメディケーション」という考え方が定着しつつあります。2009年6月1日から施行された改正薬事法によって、一般用医薬品は副作用等の危険性（リスク）の程度に応じて、特にリスクの高い第1類医薬品、比較的リスクの高い第2類医薬品、リスクが比較的低い第3類医薬品に分類されて販売されることになりました。第1類医薬品には、発毛剤のミノキシジル（商品名：リアップ）、H2

表1-2　一般用医薬品リスク分類

分類	定義	主要成分
第1類	一般用医薬品としての市販経験が少なく、一般用医薬品としての安全性評価が確立していない成分または一般用医薬品としてリスクが特に高いと考えられる成分	シメチジン、塩酸ラニチジン等（制酸薬）、ミノキシジル（育毛剤）
第2類	まれに日常生活に支障をきたす健康被害が生じるおそれ（入院相当以上の健康被害が生じる可能性）がある成分	アスピリン、アセトアミノフェン等（総合感冒薬）、インドメタシン、フェルビナク等（外用消炎鎮痛剤）
第3類	日常生活に支障をきたす程度ではないが、身体の変調・不調が起こるおそれがある成分	メチル硫酸ネオスチグミン（目薬）、ビタミンB1、ビタミンB2、ビタミンB6、ビタミンB12、ビタミンC等（ビタミン主薬製剤）

出所：厚生労働省

ブロッカー胃腸薬のファモチジン（商品名：ガスター10）などがあります。これらの第1類医薬品の情報提供は薬剤師が行わなければいけません。第2類、第3類医薬品の情報提供は薬剤師以外の専門家として新たに登場した登録販売者が対応してもよいことになっています。

2. 創薬に必要なもの

薬を創ること

　新しい医薬品、新薬を生み出すことを創薬といいます。創薬という言葉には高尚な響きがあります。実際に新薬が出来上がるまでには多大な投資（研究開発費）と時間が必要です。新薬を発売するためには基礎研究から各種の臨床試験を経て、国による承認審査という長い過程があるのです。

　そもそも新薬の開発は、将来の薬となる可能性のある新しい物質（成分）を見つけるための探索から始まり、それを化学的に合成する研究が必要です。化学的に合成されるもののほかに、最近主流となってきたのが自然界に存在する植物や微生物などの天然素材を使ったり、人体にある細胞や組織、たんぱく質を利用して薬を創る方法です。これらはバイオ医薬品と呼ばれたり、生物学的製剤や抗体医薬品と称されています。新薬の候補物質が発見されてから承認、発売へと製品化されるまでに10年かかることも珍しくなく、一つの新薬開発に500億円の研究開発費がかかっても不思議ではありません。最近ではグローバル市場を最初からターゲットにしたり、治療できる疾病を増やすための適応拡大と呼ばれる試験を組み込んだりすると、研究開発費の総額が1,000

よくわかる医薬品株

億円を超えることもあります。

3. 新薬はどのようにして開発されるのか

新薬開発は 10 年単位の仕事

これから新薬が開発される過程を具体的にみていきます。新薬として承認されるためには厳しい臨床試験をパスしなければいけません。臨床試験は新薬としての有効性や安全性を証明するために課されるものです。例えば新しい糖尿病治療薬を開発する場合、患者の血糖値は投与される薬の量（用量依存性）に従って下がるのか、一定期間投与した患者に副作用のような症状が生じないかなどを検証していきます。

臨床試験は大まかに 3 段階に分かれて行います。臨床試験の前には非臨床試験（または前臨床試験）といって動物や培養細胞を用いて試験管内で有効性と安全性を確認します。ちなみに試験管内の試験をイン・ビトロ（in vitro）、人体などの生体内で行う試験をイン・ビボ（in vivo）と呼びます。

臨床試験入り

前臨床試験が問題なく終了すると、いよいよ臨床試験に入ります。臨床試験は 3 〜 7 年の期間を要します。まず第 1 段階がフェーズ I、第 2 段階がフェーズ II、第 3 段階がフェーズ III です。フェーズ I は少数の健常人、いわゆる健康なヒトを対象に薬の成分が体内で代謝されて、きちんと排出されるかどうかなどの安全性を確認します。

PoCの確立が最初の難関

フェーズⅡでは少数の患者を対象にして有効で安全な投与量や投薬方法などの確認を行います。フェーズⅡをフェーズⅡaとフェーズⅡbに分けて行う場合もあります。フェーズⅡaは探索的に薬の用量や効果を見極めて、フェーズⅡbではそれを検証することが狙いです。いずれにしてもフェーズⅡの目的は新薬候補としてのProof of Concept（PoC：概念立証）を確立することです。PoCとは新しい概念や理論、原理などが実現可能であることを示すための簡易な試行です。すなわちフェーズⅡで一定の仮定や条件に基づいて新薬候補の有効成分が、特定される疾患に対して治療効果をもたらすことを立証すればPoCを確立したことになります。多くの新薬候補品はこのPoCを確立できずに失敗に終わります。フェーズⅡでPoCを確立することは新薬候補として認知されるための大きなステップになります。

最大の難関フェーズⅢ

しかしPoCが確立しても新薬の開発は一筋縄ではいきません。臨床試験のなかで最大の難関であるフェーズⅢがあるからです。フェーズⅢは多数の患者を対象にして、有効性と安全性をプラセボ（偽薬）や同じ薬効を持つ既存類似薬と比較します。ここでプラセボや既存薬を上回る有効性を示せないと新薬として世の中に出ることは非常に難しくなります。

フェーズⅢで想定を上回るような高い有効性と安全性を示すと新薬としての評価と価値は一気に上昇します。言うまでもなくフェーズⅢでは、多数の患者を対象にして世界各国で臨床試験を行うこともあります。多額の研究開発費がフェーズⅢへ投入され

ます。イメージですが、すべての臨床試験にかかる研究開発費の約80％はフェーズⅢに費やされるはずです。ここまでたどり着くにはサイエンスに基づいた新薬候補を創るだけではなく、忍耐と運も必要といわれます。新薬の成功確率は約3万分の1とされています。長い年月をかけて様々な難関を乗り越えて新薬は開発されています。

図1-3　新薬創出プロセス-研究開発から販売までの流れ

新規物質の発見と創製	天然素材（植物・動物・微生物等）からの抽出や、合成、バイオテクノロジーなどの多様な科学技術を駆使した手法が用いられます。さらに新規物質の性状や化学構造を調べ、スクリーニングにかけて取捨選択します。
非臨床試験	くすりとしての可能性のある化合物を、動物を用いたり、細胞培養といった方法で試験をし、その有効性と安全性（毒性）を調べます。また、くすりとしての品質や安定性についても試験を行います。
臨床試験 （Ⅰ～Ⅲ）	非臨床試験をパスしたくすりの候補が、人間にとって有効かつ安全なものかどうかを調べる試験で、治験（ちけん）ともいいます。大きく3段階に分け、病院などの医療機関で、健常人や患者を対象とした試験を長期にわたり繰り返し行い、データを収集して、くすりとしての可否を判断します。 第Ⅰ相（フェーズⅠ） 少数の健康な人を対象に、副作用などの安全性について確認します。 第Ⅱ相（フェーズⅡ） 少数の患者様を対象に、有効で安全な投薬量や投薬方法などを確認します。 第Ⅲ相（フェーズⅢ） 多数の患者様を対象に、有効性や安全性について既存薬などとの比較を行います。
申請承認	有効性と安全性が確認されたくすりについて、厚生労働省に対して製造承認を得るための申請を行います。厚生労働省の諮問機関・中央薬事審議会などの審査にパスすると、製造承認が与えられます。
発売	くすりとして承認されると製造販売することができます。医療保険の対象となる医療用医薬品の品目と薬価は、薬価基準制度に基づいて厚生労働省により決定されます。これを「薬価基準収載」と呼びます。
製造発売後調査・試験	さまざまな医療機関で多くの患者さんに使われることによって、開発段階では発見できなかった副作用や適正な使用方法につながる情報が得られることがあります。そのため、くすりは発売後も、さまざまなチェックが義務付けられています。
	また、製造販売後調査で得られた情報をもとに、より安全なくすりの使い方の検討やより使いやすいくすりへの改善が行われます。
	これにより、治験の効率が上がったり、適応症が増えたり、次の新薬開発のヒントを得ることもあります。

出所：武田薬品工業

フェーズⅢまでの臨床試験が成功裡に終了すると、次は国や行政機関への新薬発売のための販売承認申請を行う必要があります。医薬品は規制品目であり、国や医療機関、専門家による厳格な審査や評価が不可欠です。日本では厚生労働省と医薬品医療機器総合機構（PMDA）が担当の行政機関になります。臨床試験の結果が不十分として承認されない場合もあります。多額の研究開発費と年月をかけて開発した新薬候補品の承認が却下されれば当該企業にとっては死活問題になりかねません。昔から「薬＝クスリ」を逆から読むと「リスク」といわれていますが、新薬開発はまさにリスクそのものと言っても過言ではないでしょう。

さて無事に新薬として承認され発売されても、市販後調査や全例調査といった条件が課されることがあります。実際に医療機関で多くの患者に投与されると、臨床試験では予見できなかった未知の副作用や後発事象が発生する場合があります。より安全で有効な新薬の使い方を検証するために実施されるのがフェーズⅣです。こうしたステップを経て新薬としての有効性を実証し、さらに新たな効能を追加する適応拡大などが視野に入ってくることになります。

4. 医薬品業界の特徴

医薬品業界は特殊な世界？

これまで医薬品、新薬開発という観点から話しを進めてきました。ここからは医薬品業界と企業全般をみていきましょう。

医薬品業界は専門用語が多く分かりにくいという方が多いと思います。そもそも医薬品業界は狭い社会です。研究所の研究員の

方たちは、隣の研究者の誰がどんな研究に没頭しているのかまで情報を共有しているといわれます（真偽は確かではありません）。そして医薬品企業の経営は他業種と比べて特殊性があるといわれます。まずは経営の時間軸が長いことです。

ノウハウが通じない新薬開発

医薬品企業の生命線は新薬開発のパイプラインです。先に述べたように一つの新薬を開発し承認、発売まで10年の期間を要します。そして新薬開発の成功確率は3万分の1といわれるように、失敗するリスクのほうが遥かに大きいのです。さらに新薬開発のマネジメントには、これといった定型やマニュアルがあるわけではなく、常に試行錯誤を続けているようなものです。もし新薬開発のマネジメントにノウハウや妙薬があれば、新薬開発の成功確率がもっと上りますし、新薬不足に悩むことはなかったはずです。しかし新薬は一つでも当ると利益率は高く、しかも息の長い利益貢献をしてくれます。大型新薬の夢を捨てきれずに、開発を継続するか中止すべきかの判断を引き伸ばしてしまうケースは多々あるはずです。新薬開発という長い時間軸のなかでリスク管理が緩み、結果として脇が甘くなってしまいます。医薬品企業のマネジメントの最も難しい部分かもしれません。

また医薬品企業の経営者にとってのジレンマは、自分の時代で収益柱となる製品は前任者の時代に開発されたもので、自らが開発の決定を下した新薬候補の成否は、次の経営者へ委ねることになります。すべての医薬品企業の経営者は自らの時代に何を残すべきか常に自問自答しているはずです。

5. 規模で劣る日本の医薬品企業

　医薬品企業の収益構造は、一定水準の売上高を確保して、その中から研究開発費や販促費を捻出し、最後に利益を確定するという比較的シンプルなものでした。今もこの構造に大きな変化はありません。医薬品の価格は薬価制度などによって規定されています。一般的に化学合成などによる製造原価が低いため、高水準の粗利益を上げられる体質です。医薬品企業は大型製品の特許切れなどがない限り、一定水準の収益は確保できるのです。ちなみに現時点（2014 年 3 月期）で営業赤字を計上している医薬品企業はありません。2015 年 3 月期に武田薬品工業は 1,292 億円という創業以来初めてという巨額の営業赤字を計上しました。これは米国の糖尿病治療薬アクトスの訴訟和解金を引当てしたからです。いずれにしても医薬品企業にとって売上高、すなわちトップラインの確保は極めて重要なのです。

日本企業は存在感を示せ

　最近は国内企業の規模比較は意味が薄れてしまいました。グローバルで競合する医薬品企業のなかでは、わが国で最大手の武田薬品工業と第 2 位のアステラス製薬が、医療用医薬品売上高で 1 兆円台に乗せていますが、世界規模でみれば武田薬品工業が 17 位前後で 2 番手から 3 番手グループになります。ひと昔前のように医薬品企業の売り上げ規模比較が大きな意味を持たなくなったのは、とくに日本の医薬品企業とグローバルメジャーとの規模格差が拡大する一方だからという側面もあります。

　グローバルプレーヤーとしてメジャーで戦うのであれば必然的

よくわかる医薬品株

に売上高 2~3 兆円は欲しいところですが、今は、売り上げ規模を
追求することよりも、適材適所的に自らの居場所を確保すること
のほうが重要になりました。

表 1-3　グローバル医薬品企業

社名	医薬品売上高 グローバル合計 （2014 年度、100 万㌦）
1 ノバルティス	51,805
2 ファイザー	48,269
3 サノフィ	42,669
4 ロシュ	40,135
5 メルク・アンド・カンパニー	38,235
6 ジョンソン・エンド・ジョンソン	34,794
7 グラクソ・スミスクライン	33,382
8 アストラゼネカ	26,263
9 ギリアド・サイエンシズ	24,890
10 バイエル	21,448
11 テバ・ファーマシューティカル・インダストリーズ	20,272
12 アムジェン	20,063
13 アッビィ	19,879
14 イーライリリー	17,269
15 ブリストル・マイヤーズ スクイブ	16,156
16 ベーリンガーインゲルハイム	15,994
17 ノボ ノルディスクファーマ	15,825
18 武田薬品工業	15,429
19 アステラス製薬	11,400
20 バイオジェン	9,703
21 メルク	8,959
22 第一三共	8,378
23 セルジーン	7,670
24 大塚ホールディングス	7,253
25 アラガン（アクタビスによる買収以前）	6,786
26 シャイアー	6,022
27 アボット・ラボラトリーズ	5,101
28 エーザイ	4,805
29 UCB	4,443
30 中外製薬	4,366

出所：クレディ・スイス Pharma Values より作成

6. 国内再編は一巡

国内の大手同士の合併は過去にありました

　海外では米ファイザーとアイルランドのアラガンの合併など、相変わらず大型合併や企業買収が盛んです。欧米の医薬品業界には常に再編の動きが感じられます。日本の医薬品業界の再編は欧米に遅れること10年、2002年10月に中外製薬がスイスのロシュの資本傘下に入ったことをきっかけにして動きだしました。中外製薬を傘下に収めたロシュの日本での事業展開が大幅に増強され攻勢に打ってでることで、日本の医薬品企業の経営者層には外資脅威論が浮上したことは間違いないでしょう。その後、水面下での動きが進み2005年4月に山之内製薬と藤沢薬品工業が合併しアステラス製薬が発足、2005年9月に三共と第一製薬が経営統合を目指し第一三共を立ち上げました。当時の医薬品大手6社のうち4社を巻き込んだ業界再編です。

準大手も追随した国内再編

　大手をキャッチアップするように2005年10月に大日本製薬と住友製薬が合併し大日本住友製薬、2007年10月に田辺製薬と三菱ウェルファーマの合弁により田辺三菱製薬が新会社として発足しました。2008年4月には協和発酵工業がキリンホールディングスの医薬品子会社キリンファーマを統合し、キリンホールディングスの資本傘下に入り、同年10月から新社名を協和発酵キリンとしてスタートを切りました。さらに2008年後半に富士フイルムホールディングスはヘルスケア事業拡大の一環として、富山化学工業の株式66％を取得し子会社として傘下に収めます。富

よくわかる医薬品株

図1-4　2000年代に起きた業界再編

○製薬企業の統合による変遷

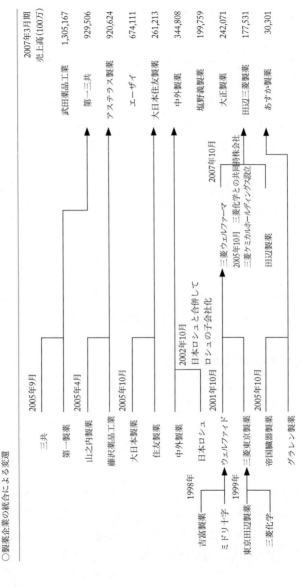

出所：クレディ・スイス

士フイルムホールディングスは富山化学工業に対する株式公開買付け（TOB）や第三者割当増資の引き受けなどで、総額 1,300 億円に上る提携資金を投入しました。従来から医療用医薬品を手掛ける食品や化学メーカーと異業種からの新規参入が相まって、業界再編へ一石を投じる格好となりました。

こうした一連の合併は、それまでほぼ無風状態であった医薬品業界にとっては、最大の激震となったことは事実です。しかしその後は大型の合併もなく再編機運は急速に後退してしまいました。その理由の一つにアステラス製薬や第一三共が合併後の企業統合に莫大な内向きのエネルギーを費やし、合併シナジーを出すのに時間を要したことがあげられています。ならば自前でやろうと思うのは当然の帰結かもしれません。

ただし業界全体を見渡すと、今後の医療費・薬価削減の逆風と大型製品の特許切れが相次ぐ 2018 年以降の生き残りに向けて必要条件を満たしているとは思えません。今後、「国内の再編が再始動するのか」、「外資系医薬品企業に淘汰されるのか」、「世界で戦える日本の医薬品企業は残るのか」、など注目すべき点です。日本の医薬品企業はどのように展開していくのか、2010 〜 2015 年を視野にいくつかのケースを考えてみましょう。

●ケース 1

厚生労働省が 2013 年 6 月に公表した「医薬品産業ビジョン」に沿って「勝ちパターンのビジネスモデル」を自ら作り上げる時代に入っていく。つまり、これまでのような経営形態では通用せず、ブロックバスターの特許切れ、後発医薬品の伸長等の諸課題に対して、どのように対応し、成長

よくわかる医薬品株

していくのかという、これまでには取り組んでこなかった考え方を元にした経営ビジョンと、厳しい経営判断が今後必要となる。これらの課題への対応が、中小製薬企業を含め、今後の製薬業界の再編の引き金となる可能性を秘めており、現状は各社とも方向性を模索している段階であるといえる（以上原文）。前回8年前の2007年に出した「新医薬品産業ビジョン」では機能分化が進みグローバルベースで競合できる企業が2～3社、他はジェネリックやOTC（大衆薬）などへ集約されます。すなわち準大手・中堅企業の居場所は小さくなる、と論じていました。

● ケース2

　国内大手5社（武田薬品工業, アステラス製薬, エーザイ, 第一三共, 大塚ホールディングス）は主力製品の特許切れの対応で後手に回り、海外を中心に戦線縮小を迫られる。国内は外資系の攻勢が強まり、長期収載品の薬価引き下げやジェネリックの一段の台頭によって事業の大幅なダウンサイジングを迫られる。準大手・中堅企業に居場所はなくなる。結果として大手と準大手・中堅を巻き込んだ再編が起きるでしょう。すでにエーザイはノンコア事業や重要度の低い資産の譲渡に動いています。武田薬品工業とテバ（イスラエルのパタハ・ティクバ）の長期収載品とジェネリック事業の統合で動き始めました。

● ケース3

　企業買収や新薬の共同開発で今後の展望が開ける。メガ

偏重ではなく適正規模の売上高、利益を確保するための
トップラインマネジメントが重要視される時代になる。新
薬の共同開発だけではなく、製品導出や共同販促、クロス
ライセンスなど様々な形態の提携を行うことで経営資源と
経営規模の適正化を図る動きが加速する。国内大手5社体
制は維持できず経営統合、または業績格差拡大によって1
〜2社体制へ移行、または淘汰される。

　以上のケースについては第4〜5章で検証していきたいと思い
ます。欧米のメガファーマの合併や企業買収に対しては、イノ
ベーションを伴わないという批判的な見方が増えていることも事
実です。
　一方、日本の医薬品企業は世界的にみた場合、いまだにクリティ
カルマスに到達していません。グローバルで展開するためには、
やはり売上高2兆円、研究開発費3,000億円以上が必要条件でしょ
う。日本の医薬品業界はチャレンジしなければ生き残れません。
そしてグローバルで戦うための必要最低条件は、世界最大の医薬
品市場である米国で利益を上げることです。

7. 世界の医薬品市場の 成長ポテンシャルは大きい

医薬品市場には巨大なニーズがある

　医薬品市場調査会社であるIMSヘルスによると2011年の世界
の医薬品市場規模は9,560億㌦（約100兆円）と推計され、その
うち米国は3,250億㌦と全体の34％を占めています。日本は約

1,150億㌦（薬価ベース，当時のレートで約10兆円）と全体の12％を占めました。為替変動による影響が大きいため単純には比較できませんが、単独国としては世界第2位の市場です。欧州の英独仏伊西5カ国の医薬品市場を合算するとシェアは17％に達するが、各国の医療制度や薬価制度が異なるため完全に統合された市場とはなっていません。

時系列的にみると世界の医薬品市場は2001年の3,910億㌦から2006年に6,580億㌦と5年間で1.7倍増、金額で2,670億㌦増加したことになります。この成長スピードからもうかがえるように医薬品に対する潜在的ニーズは高いはずです。しかし地域/国別にみると医薬品市場の潜在的成長性が高いのは、米国と日欧を

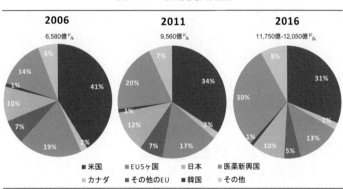

図1-5　医療費支出額

出所：The Global Use of Medicines：Outlook Through 2016 by the IMS Institute for Healthcare Informatics July 2012
Copyright 2016 IMS Health, 転用転載禁止

注：変動為替レートによる換算後の医薬品支出額（米ドル）。
医薬新興国は，2012年から2016年にかけて支出額が実額で10億㌦以上増加すると見込まれ，購買力平価に基づく国民一人当たりGDPが25,000㌦以下の国と定義する。
医薬新興国市場は、中国、ブラジル、インド、ロシア、メキシコ、トルコ、ポーランド、ベネズエラ、アルゼンチン、インドネシア、南アフリカ、タイ、ルーマニア、エジプト、ウクライナ、パキスタン、ベトナムを含む。
その他欧州は、医薬新興国に含まれるロシア、トルコ、ポーランド、ルーマニア、ウクライナを除く。

第1章 医薬品業界の基礎

除くその他の新興国地域であることは一目瞭然です。新興国市場については懐疑的な見方があることは確かですが、米国が引き続き世界最大で成長性の高い医薬品市場であることに間違いはないでしょう。世界中から最先端の医療技術と人材が集まる米国では、公的な医療だけでなく民間部門の医療に占める役割が大きいのです。薬価制度だけをとってみても米国では基本的に、医薬品企業と保険会社や薬剤給付管理会社が交渉によって価格をある程度自由に設定できます。日本の薬価制度については後ほど詳しく述べますが、新薬創出加算の試行的継続などで画期性の高い新薬は優遇されます。欧州では薬価や医薬品の利益率に対して一定の歯止めがかかっているため、イノベーションが正当に評価されないという批判が高まっています。

一方、米国と並んで高い伸びを示している新興国地域には中国

図1-6　2016年の国民1人当たり医療費支出額（2005年価格）と人口

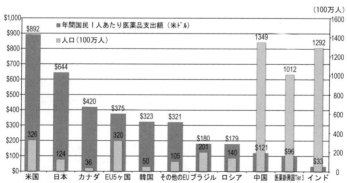

出所：IMS Market Prognosis, May 2012; Economist Intelligence Unit, Jan 2012
Copyright 2016 IMS Health, 転用転載禁止
注：2005年価格による変動為替レートに基づく支出実額（購買力で調整後）、地域ごとの医薬品平均支出額（人口加重平均）。
医薬新興国Tier 3：アルゼンチン、エジプト、インドネシア、メキシコ、パキスタン、ポーランド、ルーマニア、南アフリカ、タイ、トルコ、ウクライナ、ベネズエラ、ベトナム。
その他のEUは、医薬新興国に含まれるロシア、トルコ、ポーランド、ルーマニア、ウクライナを除く。

21

やインド、ブラジル、ロシアのBRICsが含まれます。ベトナム
やインドネシアなどのネクスト・イレブンの医薬品市場も潜在的
な成長力は高いはずです。こうした新興国地域は医療供給体制や
保険制度が未整備であったり、医療に回るだけの個人所得が少な
いという問題があります。しかし医薬品需要のベースとなる人口
を多く抱えており、いずれは日米欧の医薬品市場規模をキャッチ
アップし追い抜く可能性を秘めています。

表1-4　BRICsにおけるGDPに占める医療費の割合

	04	05	06	07	08	09	10	11	12	13
ブラジル	7.1	8.4	8.5	8.5	8.4	8.9	9.0	9.2	9.5	9.7
ロシア	5.2	5.2	5.3	5.4	6.8	7.5	6.9	6.7	6.5	6.5
インド	4.6	4.3	4.1	3.9	4.0	4.1	3.8	3.8	3.8	4.0
中国	4.7	4.7	4.6	4.4	4.6	5.1	5.0	5.1	5.4	5.6

出所：World Health Organization

8. 最先端を走る米国の医療

米国にとって医薬／バイオは国家的戦略分野

　米国の医薬品産業が世界中からヒト・モノ・カネを吸い寄せる
魅力は、日欧と比較して迅速な制度・技術革新であり、医薬品・
バイオテクノロジー産業を国家戦略の一環として育成に注力して
いるためです。例えば米国のライフサイエンス研究のメッカであ

表1-5　米国連邦機関のライフサイエンス関連予算

連邦機関	研究分野	2012年度予算
NIH	健康・医療分野全般	309億ドル
NSF (BIO)	分子・細胞生物学、環境生物学、生物学的基礎構造、統合的生物システム分野	7.12億ドル
DOE (BER)	生物システム科学（BSSD）、気候・環境科学および気候・地球システム科学（CESD）分野	5.92億ドル

出所：Federal R&D Funding, by Budget Function：Fiscal Years 2011-2013

る国立衛生研究所（NIH：National Institute of Health）には、毎年290億㌦（1㌦120円換算で3兆4,800億円）の研究開発予算が投入されています。2015年度の日本版NIHの予算は1,248億円です。金額がすべてではないとはいえ、大砲と竹槍くらいの差があります。財政が逼迫する日本に余裕はありませんが、優秀な日本人研究者は米国へ引き寄せられ、その成果は米国が独占してしまうことになります。イノベーションはお金だけから生まれるものではないというのはノーベル賞を受賞した京都大学iPS細胞研究所の山中伸弥教授が見事に証明しましたが、やはり腹が減っていては仕事で踏ん張りもきかないでしょう。

第 2 章

株式市場と医薬品セクター

1. 医薬品国内市場

世界市場は 125 兆円

世界の医薬品市場規模は 1 兆㌦、1 ㌦ 125 円換算で 125 兆円に達すると推測されます。日本の 2016 年度国家予算が 96 兆 7,218 億円ですから、世界の医薬品市場の規模は極めて大きいといえま

表 2-1　　日米欧の薬価制度比較

	上市時の価格設定	上市後の価格設定もしくは改定
日本	●公定価格	●市場実勢価と薬価の銘柄ごとの乖離率に基づき 2 年ごとに薬価改定
		●使用実態の変化や適応追加、不採算等の理由による市場実勢価格によらない改定についても薬価改定時に実施
		●特許期間終了後、後発品のシェアに順じて追加引き下げあり
米国	●自由価格	●自由価格
	●製薬企業と保険会社が交渉で決定（民間・公的セクターを問わない）	●製薬企業と保険会社が交渉で決定（民間・公的セクターを問わない）
イギリス	●自由価格	●PPRS 制度のもとで自由価格
	●ただし、利益を一定範囲内に設定される間接価格規制（PPRS 制度）	●5 年に 1 度の PPRS 制度の見直しにより薬剤価格変更（05 年は平均 7％の引き下げ）
		●市場実勢価格については、公定マージン等の見直しにより償還価格に反映（マージン率等の見直しについては不定期）
		●特許期間終了後、一般名処方の場合は後発品の価格をベースに償還（償還価格はメーカー出荷価格の変更等に応じ 3 カ月に 1 回見直し）
フランス	●公定価格	●個別銘柄ごとの販売予測額を超えた場合、収益額の返還もしくは価格引き下げを実施
	●製薬企業と医薬品医療機器経済委員会（CEPS）が医療上の有用性の改善度（ASMR：5 段階評価）などに基づき、個別銘柄ごとに交渉で価格決定	●市場実勢価格については、公定マージン等の見直しにより償還価格に反映（マージン率等の見直しについては不定期）
		●財政事情等による不定期な引下げが存在
		●特許切れ製品の一部に参照価格制を適用
ドイツ	●自由価格（ただし、一部の薬効群については参照価格を適用）	●自由価格（ただし、一部の薬効群に適用される参照価格はメーカー出荷価格の変更等に応じ年 1 回の見直し）
	●IQWiG が有用性評価し、特許期間中でも革新性がない製品は最高価格制を適用	●市場実勢価格については、公定マージン等の見直しにより償還価格に反映（マージン率等の見直しについては不定期）
		●特許期間終了後は基本的に参照価格を適用

出所：各国資料よりクレディ・スイス作成

す。ただし自動車や家電といった耐久消費財のマスマーケットとは異なり、医薬品は各国の医療風土や医療制度によって市場が細分化され、規制されています。

そのうち国内市場は約10兆円

日本の医薬品市場規模は薬価ベースで約10兆円です。2年に1回の診療報酬改定に合わせて薬価の引き下げが行われることもあり、市場規模は大きくは伸びませんが、高齢化による医療ニーズの拡大や新薬の投入などで年平均5%超の数量の伸びは見込めるでしょう。

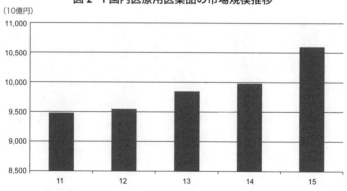

図2-1 国内医療用医薬品の市場規模推移

出所：IMS医薬品市場統計
Copyright 2016 IMS Health, 転用転載禁止

日本の医薬品市場を語る上で国民皆保険制度と薬価制度を避けて通ることはできません。1961年の国民皆保険制度の導入は近代日本史の一大イベントの一つです。国民皆保険制度は文字通

り日本の国民をもれなく保険でカバーするものです。1961年は
まさに高度成長期の入口です。経済発展で欧米先進国に追いつ
くために保険制度を充実させて、国民が安心して働けるように医
療サービスを提供することが求められました。国民皆保険制度に
よって日本の医療体制は大幅に向上したといえます。

薬価制度の枠組み

　薬価制度は国民皆保険制度のなかの重要な役者です。薬価制度
が導入されたことで日本の医薬品市場の構造は大きく転換しまし
た。それまでは一般用医薬品を薬局の店頭などで買い求めていた
患者は、医師による診断と薬剤の処方を簡単に受けられるように
なりました。

　薬価制度は導入されてからいくつかの修正が加えられながら存
続しています。2016年度の薬価制度改定ではさらにいくつかの
修正が加わりました。これについては「第4章の日本の医療」で
解説します。

　薬価制度に支えられた医薬品企業の収益は他業種と比較して安
定的というイメージを持たれている方は多いはずです。確かに薬
価制度は医薬品企業の収益源ですが、価格（薬価）を統制された
り薬価引き下げにより、企業にとってはそれまでに投入した研究
開発費などを勘案すると十分なリターンを上げられないというデ
メリットもあります。反面、市況品のように価格が乱高下するわ
けではなく、薬価引き下げも予見できるメリットもあります。日
本の医薬品企業であれば、やはり国内で安定かつ一定の収益を維
持し、海外市場でも稼ぐことが理想です。国内と海外の収益比率
が50：50くらいが最も安定するのではないでしょうか。

2. 海外の医薬品市場

　言うまでもなく海外には様々な特徴や特性を持つ医薬品市場が存在します。医療はローカルに密着した産業であり、医薬品を選択するのは地元の医師や薬剤師です。また各国の医療制度が異なるため、当該国における政府や医療行政の介入を受ける市場でもあります。一方で疾病はほぼ万国共通です。治療という大きなニーズは世界中に存在しています。

　世界最大の医薬品市場は米国です。米国は医療先進国のなかで医療に占める民間部門の割合が高いことが特徴です。GDP（国内総生産）に占める総医療費の割合も足元では20％近辺に達している模様です。医薬品をはじめとするメディカル／ヘルスケアは基幹産業であり、バイオテクノロジーは国家戦略の一つといわれるゆえんです。

表2−2　医療先進国のGDPと総医療費

単位：10億㌦

	GDP			総医療費			総医療費／GDP（%）	
	04	13	CAGR（%）	04	13	CAGR（%）	04	13
フランス	2,124	2,806	3.1	215	307	4.0	10.1	10.9
ドイツ	2,816	3,730	3.2	285	410	4.1	10.1	11.0
日本	4,656	4,920	0.6	369	504	3.5	7.9	10.2
スペイン	1,070	1,393	3.0	82	122	4.6	7.6	8.8
スウェーデン	382	580	4.7	32	64	8.1	8.3	11.0
スイス	394	685	6.4	41	76	7.1	10.4	11.1
イギリス	2,298	2,678	1.7	168	226	3.4	7.3	8.5
アメリカ	12,275	16,768	3.5	1,788	2,755	4.9	14.6	16.4
合計	26,014	33,560	2.9	2,978	4,464	4.6	11.4	13.3

出所：OECD

第 2 章　株式市場と医薬品セクター

表 2-3　各国の総医療費と政府支出

単位：10 億ドル

	総医療費			総医療費のうち政府支出・負担分			政府支出・負担分／総医療費（%）	
	04	13	CAGR（%）	04	13	CAGR（%）	04	13
フランス	215	307	4.0	169	242	4.0	78.8	78.7
ドイツ	285	410	4.1	216	313	4.2	75.8	76.3
日本	369	504	3.5	296	420	4.0	80.3	83.2
スペイン	82	122	4.6	58	87	4.6	71.6	71.5
スウェーデン	32	64	8.1	26	54	8.4	82.2	84.1
スイス	41	76	7.1	24	50	8.6	58.4	66.1
イギリス	168	226	3.4	144	196	3.5	85.9	86.6
アメリカ	1,788	2,755	4.9	806	1,327	5.7	45.1	48.2
合計	2,978	4,464	4.6	1,740	2,688	5.0	58.4	60.2

出所：OECD

　日本の医薬品企業にとっても米国へ進出し、収益を上げることが重要な経営課題です。進出の形態は、提携先企業へ自社開発した主要新薬をライセンスアウトしたり、共同販売することから始まり、その後に独自の販売体制や研究開発体制を築くことが一般的です。

3. 医薬品ビジネスモデルの変遷

大手の海外進出

　日本の大手医薬品企業は国内に基盤を置き、それをテコにして米国を中心とする海外市場の開拓に取り組みました。もちろん医薬品企業ですから有力な新薬がなければ衰退します。医薬品企業の収益の源泉は新薬であり、新薬開発が難しくなるなかで医薬品企業のビジネスモデルは益々ハイリスク・ハイリターンになって

いきます。

1960年代から現在まで、事業展開で明暗を分けたケースをみてみましょう。

① 1960年代

1961年に国民皆保険制度が導入され、医療用医薬品に対する需要は飛躍的に増大しました。医療機関へのアクセスが容易になり、医師による治療が受けやすくなったことによる当然の成り行きです。ただ当時の日本の医薬品産業の基盤は脆弱で、医薬品の製造や開発などのベースとなる技術を欧米に頼っていました。とくに新薬の開発能力では圧倒的に差をつけられており、自前の医薬品産業育成が求められた時代です。

② 1970年代

経済発展とともに日本の医薬品産業も自前の研究開発力を身につけてきましたが、創薬という面では欧米との格差は依然として大きかった時代です。まだまだ改良型の新薬開発が主流でした。

日本オリジンの医薬品の海外導出の先駆けとなったのは田辺製薬（現田辺三菱製薬）の降圧剤『ヘルベッサー』です。1976年にヘルベッサーは米マリオン社（現仏サノフィ）へ米国での開発・販売権が導出されました。ヘルベッサーは1982年11月に米国で発売され、1992年11月に独占期間が切れるまで田辺製薬はヘルベッサーのバルク輸出と売り上げロイヤルティから、多大な利益を享受することが出来たのです。当時はまだ日本の医薬品企業が海外向けに製品を導出すること自体が珍しい時代でした。ヘルベッサーは欧米市場でも降

圧剤の第一選択薬的な存在になったことで、海外市場進出の成功例として先鞭をつけたことは間違いありません。その後、導出の対価としてロイヤルティを受け取るだけではなく、相手側の新薬候補品を導入する、いわゆるクロスライセンス契約も活発に行われるようになりました。

　ヘルベッサーに続く成功例としては、1981年の山之内製薬（現アステラス製薬）が抗潰瘍剤『ガスター』を独メルク、1985年に三共（現第一三共）が高脂血症治療剤『メバロチン』を米ブリストル・マイヤーズスクイブへ導出し、現地売り上げが10億㌦を上回るブロックバスターとなりました。最近では塩野義製薬が高脂血症治療剤『クレストール』の全世界の開発権および販売権を英アストラゼネカへ導出し、クレストールの売り上げは66億㌦を上回り、その結果として塩野義製薬は年間657億円のロイヤルティを受け取ることが出来ました（2014年3月期実績）。

③ 1980年代

　経済が豊かになるに伴い食生活の欧米化などで、国内では心筋梗塞などの心疾患が増加しました。それに歩調を合わせて医療費の増加も顕著になり、薬価がやり玉にあがるようになったのです。薬価制度による弊害として薬漬け医療が問題となりました。

　1981年に薬価18.6％の大幅引き下げが実施され、1983年に4.9％、1984年に16.6％、1985年に6.0％、1986年には5.1％と4年連続で薬価が引き下げられました。そして1988年に10.2％の薬価引き下げが実施され、国内医薬品市場は冬の時代と呼ばれるようになったのです。こうした厳しい薬価抑制

よくわかる医薬品株

策から逃れるために、大手企業は海外進出を加速させたともいえます。1980年代に入ると日本の医薬品企業の海外展開は単純な製品導出から、もっと多くの利益を享受できる共同開発および共同販売、合弁会社設立から100％出資の現地法人設立へと発展していきました。とくに米国進出で先行したのは武田薬品工業で1985年に米アボット・ラボラトリーズ（現米アッヴィ）と合弁会社TAPファーマシューティカル・プロダクツを設立しました。TAPファーマシューティカル・プロダクツは前立腺がん治療剤『ルプロン』と抗潰瘍剤『プレバシッド』が大型化し、2008年4月に会社分割によって解消となるまで武田薬品工業とアボット・ラボラトリーズ両社の業績に多大な貢献をしたのです。

　一方、エーザイの米国への本格進出は1987年のエーザイ・リサーチ・インスティチュート・オブ・ボストンという研究所の設立から始めました。当時の米国進出は将来の販路確保や開発の投資が中心で、エーザイの研究所設立には意外感がありました。ボストン研究所は1989年から本格稼動し、現在はオンコロジー（腫瘍学）を中心とするエーザイのグローバルリサーチの一翼を担っています。

④ 1990年代

　1990年代は米国市場での展開が急加速した時期です。なかでもエーザイは、1994年に米ファイザーとアルツハイマー型認知症治療剤『アリセプト』、1997年に米ジョンソン・エンド・ジョンソンと抗潰瘍剤『アシフェックス』の共同販売契約を結び、米国における自社販売体制の拡充に成功しました。また武田薬品工業はTAPファーマシューティカル・プ

ロダクツと並存させる格好で全額出資の子会社武田ファーマシューティカルズ・ノース・アメリカ（TPNA）を設立し、1998年に糖尿病治療剤『アクトス』の自社販売に踏み切りました。ただ自社販売といっても当初は期限付きで米イーライ・リリーと共同販促パートナー契約を結び、アクトスの売り上げの早期大型化を図ったのです。国内最大手の武田薬品工業といえども米国市場は難関でした。アクトスは2012年8月に米国での特許満了で独占販売期間が切れるまでの間、ピーク時には年間3,100億円を上回る売り上げを達成し、武田薬品工業にとって最大のドル箱製品へ成長しました。

⑤ 2000年から2010年

　国内の大手企業同士の合併でアステラス製薬と第一三共が誕生し、準大手クラスでは田辺三菱製薬、大日本住友製薬、協和発酵キリン、などの医薬品以外の業種との資本提携が活発化しました。そうしたなか、2008年後半からエーザイの米MGIファーマ買収、武田薬品工業の米ミレニアム・ファーマシューティカルズ買収、そして第一三共の印ランバクシー・ラボラトリーズの株式50.1％の公開買付け、など風雲急を告げる展開でした。欧米で程度の差はあるにせよ一定規模の足場を築いた大手4社グループを、これから準大手グループが追随するという構図です。国内市場を取り巻く閉塞感は強まり、活路を海外市場へ求める動きは加速しました。

　とはいえお膝元の国内市場も強化しておかなければ、ジェネリックの台頭や薬価制度の見直しなどで足元をすくわれかねない状況でした。とくにこれから海外事業を強化する準大手クラスには一つの新薬開発の失敗が大きなダメージになる

リスクがあります。海外での新薬の開発コスト負担が大きくなるなか、成功確率は下がっているためです。ただしリスクを回避するばかりでは現状打破にはつながらず、準大手の経営の舵取りは非常に難しい段階に入っていきました。

一方、大手4社のなかでは武田薬品工業、アステラス製薬とエーザイはブロックバスターの特許切れを向かえる2010年問題が未解決のままでした。第一三共はランバクシー・ラボラトリーズの品質管理問題と新薬の抗血小板剤エフィエントの大型化が期待外れという異なる次元の課題を抱えていました。2010年へ向けて大手4社、準大手グループは次の一手を打たなければならない状況に陥り、これがいわゆる医薬品業界の「2010年問題」でした。

⑥ 2010年から現在

2010年12月に大塚ホールディングスが東京証券取引所第1部に上場し、国内の大手医薬品企業は4社から5社になりました。またスイスの製薬大手ロシュグループの傘下に入った中外製薬はロシュの抗がん剤を国内で導入し、着実に実力を向上させてきました。中外製薬だけではなく他の外資系医薬品企業は日本市場への回帰を強めました。これは国内の医薬品行政が薬価抑制一本槍だった2000年代後半から、2010年4月に新薬創出加算が導入されたのをきっかけにして、イノベーション重視へシフトしたことが大きいと思われます。ジェネリックの使用促進とイノベーション重視は表裏一体の関係でしょう。

企業別にみると2010年問題の後遺症に悩んでいるのは武田薬品工業とエーザイです。新たに「2018／19年」問題に

直面しているのがアステラス製薬と第一三共です。大塚ホールディングスは米国で年商 5,000 億円規模を誇った抗精神病薬『エビリファイ』の物質特許が 2015 年 4 月に失効したため、今まさに下り坂を滑降中です。武田薬品工業はフランス人のクリストフ・ウェーバー社長を外部から登用し建て直しを図っています。第一三共は問題続きだったランバクシー・ラボラトリーズをインドのジェネリック企業サン・ファーマへ 2004 年に売却することで合意し、さらに米国事業の大幅な縮小を打ち出しています。エーザイもノンコアとされる資産や事業の売却、整理を進めています。

対照的に塩野義製薬は抗 HIV 薬『テビケイ／トリーメク』を GSK（英グラクソ・スミスクライン）へ導出し、小野薬品工業はがん免疫療法剤／ PD-1 阻害剤『オプジーボ』をブリストル・マイヤーズスクイブと共同開発しロイヤルティ収入を得ることが可能となりました。それによってこの両社には 2018／19 年問題は無縁といえるでしょう。

4. 医薬品株を理解しよう

医薬品企業が発行する株式への投資は、2010 年頃からハイリスク・ハイリターン化が加速しています。2010 年までは「2010 年問題」と呼ばれた大型製品の特許切れが個別企業の株価だけでなく、業界全体を重い雰囲気にしていました。

当時は多くの医薬品企業の新薬開発パイプラインが枯渇気味でした。大手 4 社は 2010 年問題を克服するために新薬開発を急いでいましたが、成功よりも失敗するニュースが先行し、それに

図2−2　株価指数の推移

出所：トムソン・ロイター

図2−3　東証1部時価総額と医薬品セクター時価総額の推移

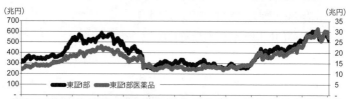

出所：トムソン・ロイター

より株価が下落するという悪循環のスパイラルが生じていたのです。

そのスパイラルからいち早く脱出し、医薬品株復活の先鞭をつけたのはアステラス製薬です。アステラス製薬もご多分にもれず主力の免疫抑制剤『プログラフ』と排尿障害治療薬『ハルナール』の米国での特許切れに直面していました。そこに過活動膀胱治療薬『ミラベトリック』（米国名：日本名はベタニス）と前立腺がん治療薬『イクスタンジ』という二つの新薬を相次いで発売し、パテント・クリフ（大型品の特許切れによる収益の大幅減少）を小さくとどめることに成功したのです。足元のアステラス製薬の業

績は順調に推移しているといえます。また自社株買いと増配にも前向きで株式市場では医薬品セクターのなかの優等生として採点されていました。

　しかし一転して 2015 年を通してアステラス製薬の株価は冴えませんでした。これはすでに株価はアステアラス製薬の 2019 年問題を意識し始めているからでしょう。2019 年に過活動膀胱治療薬『ベシケア』と非小細胞肺がん治療薬『タルセバ』の物質特許が米国で切れるために、2019 年前後に業績が停滞する可能性があります。もちろんそれまでにアステラス製薬の経営陣が何らかのテコ入れを行うことは十分に考えられますが、現時点では株価の上値が重い状況を打破する手段は多くありません。こうした状況をバリュートラップと呼びます。足元の業績は好調だけれども先行きのリスクで株価は上がらず、バリュエーションが低下する現象です。大規模な自社株買いを実施すれば株価のカンフル剤にはなります。中期的には ROE（株主資本利益率）の改善なども効果的です。M&A（企業買収）などでパテント・クリフを乗り切ることも可能です。

図 2−4　アステラスの株価チャート 2005 年から 2015 年まで

出所：トムソン・ロイター

よくわかる医薬品株

株価を動かす要因

　こうしたアステラス製薬の例から医薬品企業の株価に影響を与える業界特有の要因として以下がとくに重要と思われます。

●新薬開発の成否

　医薬品企業の生命線である新薬開発の成否は株価を動かす最も重要な要因、カタリストです。事前に注目された新薬の成否は株価を大きく動かします。とくにフェーズⅢ段階での失敗は株価に大きなダメージを与えるでしょう。

●競合する新薬候補品の動向

　自社品の成否ほどではありませんが、競合他社が開発している類似した新薬候補の開発進捗状況も株価には影響します。

●業績の安定度

　医薬品企業の業績は未知の要因で急速に変化することはあまりありません。発売した新薬は承認プロセスが必要なために発売時期や薬価が事前に分りますし、主力製品の特許切れによるジェネリックの参入時期も事前に判明します。期待した新薬の売れ行きが冴えないというようなケースもありますが、換言すると医薬品企業の業績は株価にとって精神安定剤のようなものです。良くても悪くても見通しどおりであれば株価には大きく影響しないでしょう。

●訴訟リスク

　予知できないのは副作用問題や特許係争に関係する訴訟リスクです。訴訟については各社とも情報管理を厳しくします。裁判で結審するのか、調停などで和解するのかなど、先行きが読めません。巨額の和解金が発生する可能性がある場合は、株価はとりあえずリスク回避のために売られて下がるケースがほとんどです。最近の事例では2015年4月に武田薬品工業が、米国での糖尿病治療薬アクトスを巡る訴訟で3,241億円の和解金を計上し、2015年3月期決算は1,457億円の当期損失を計上しました。これはアクトスを服用した患者から膀胱がん発症の製造者責任を問われた裁判でしたが、武田薬品工業は米国での訴訟リスクを回避し本業へ注力するために和解を選択したとみられています。

●M&A／合併

　これも予知できない要因ですが、医薬品セクターでは企業買収や合併はいつ起きてもおかしくありません。国内の再編は一服していますが、引き続き本邦医薬品企業による海外企業やバイオベンチャーの買収は続くでしょう。一件あたりの金額が高い医薬品やバイオベンチャーの買収の正当な評価価値については吟味する必要があります。また会計基準にIFRS（国際財務報告基準）を採用している企業では、買収した資産をバランスシート（貸借対照表）に計上して定期的に減損テストを行います。買収した案件が当初想定した価値を下回ってくると、減損処理というリスクが生じます。

5. 株価と時価総額

図2-5　医薬品業界PERの推移

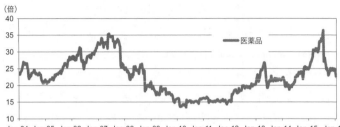

出所：トムソン・ロイター

図2-6　医薬品業界時価総額の構成

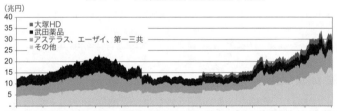

出所：トムソン・ロイター

医薬品株はディフェンシブという誤解

　株式市場は経済の鏡ともいわれる反面、需給で物事（株価）が決まります。株式市場は短期的に企業価値を過大に評価したり、逆に過小に見積もってしまうケースもあります。中長期でみると株価はほぼ適正な範囲内に収まるといえるかもしれません。いずれにしても株価は企業価値をはかる一つのバロメーターであり、企業の経営成績によって変動します。ここで医薬品セクターの株

式市場におけるポジションをみてみましょう。

①医薬品株はディフェンシブではない

医薬品株にはディフェンシブというイメージを持つ投資家は多いはずです。ディフェンシブとは株式市場のなかで景気後退局面などに強いという意味で、その期間において株価のパフォーマンスが他セクターと比較して相対的に良いということになります。医薬品がディフェンシブとみられるのは、これまで述べたように薬価制度に支えられ既存薬の安定的な売り上げから利益を確保できるからです。しかし医薬品企業の生命線である新薬開発はハイリスク・ハイリターンのビジネスになっています。株式市場ではこの新薬開発のリスクとリターンを株価に織り込む必要があるわけです。

しかし新薬開発に画一的な手法はないため、成功確率を導くことは難しいのです。2000年台後半は新薬開発の失敗が相次いだためリスクのほうが大きいと考えられました。昨今は有望新薬が比較的スムーズに開発が成功し、承認されていることから新薬のリターンに対する期待がリスクを上回っているように見受けられます。開発に成功すればそれなりのリターンが得られる一方、開発や製品化に失敗した場合の株価の反動は大きいといえます。

②株式市場での医薬品セクターへの評価

日本の医薬品セクターの時価総額（1部上場39社，発行済み株式数×株価）は現在30兆円前後で推移しており、東証1部時価総額（TOPIX）に占める割合は5%程度です。この比率は2010年頃から大きく変わっていませんが、医薬品

よくわかる医薬品株

セクターの時価総額はTOPIXに連動しつつ、TOPIXよりも安定的に推移してきました。こうした点がディフェンシブとして評価されているのかもしれません。ただし、ディフェンシブの宿命として株式市場が活況の時は出遅れる傾向が強く、医薬品セクターがTOPIXを上回るパフォーマンスを上げることは稀でした。

　過去に医薬品セクターが株式市場で大きく取り上げられた局面として、1980年代前半の抗がん剤相場、1980年代後半のバイオテクノロジーと抗HIV薬相場、2000年代前半のゲノム相場、などがあります。当時の抗がん剤相場では、抗がん剤はがんよりも株価に効くと揶揄されました。相場に共通する点は、いずれも有望なテーマと大型新薬の開発が注目されたタイミングが重なったことです。2000年代前半のゲノム相場の時は、遺伝子治療やテーラーメード医療などの最先端医療技術への取り組みも注目されました。今のテーマはやはりイノベーションです。ただし、それは夢の新薬開発といった大雑把なものではなく、患者の特定のニーズに応える新薬や技術の開発です。ゲーム・チェンジャーという表現もよく使われます。治療効果を格段に高めることが可能な新しいメカニズムを持った新薬の登場です。抗リウマチ薬の『レミケード』や『ヒュミラ』もゲーム・チェンジャーでした。現在の期待のゲーム・チェンジャーは小野薬品工業が開発に携わった抗がん剤オプジーボでしょう。がんの根本治療はいまだにかないませんが、アルツハイマー型認知症などのアンメット・メディカル・ニーズ（治療法のみつかっていない疾患に対する医療ニーズ）はも

44

ちろん、予防医学や加齢、再生医療などで医薬品が活躍できる分野は無限にあります。

　すなわち医薬品は生命関連性が高い、最先端の産業であり株式市場で高く評価されるべきセクターといえます。

6. 株価バリュエーション

(1) 割高に映る株価

　医薬品セクターの宿命ともいえるのが株価のバリュエーションが割高に映ることでしょう。東京証券取引所1部上場の日経平均の予想PER（株価収益率）は15倍程度で推移していますが、同医薬品指数のPERは25倍前後となっています。

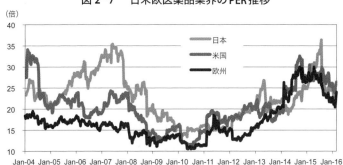

図2-7　日米欧医薬品業界のPER推移

出所：トムソン・ロイター

　これまでみてきた医薬品セクターの特性を考えればPER25倍でも違和感はないかもしれません。すなわち新薬開発の時間軸は長く、多大な研究開発費を投入しなければなりませんが、開発に

成功すれば特許期間が有効なうちは高いリターンを得られます。新製品の貢献により収益が向上すれば増配や自社株買いなどの株主還元も増えていきます。あとは個別銘柄の選択です。

(2) 資本効率に改善の余地

　ROEの改善は株価に好影響をもたらします。しかし日本の医薬品セクターに対する批判に「資本効率の悪さ＝ROE水準の低さ」があります。要するに現預金を積み上げている経営姿勢に対する批判でもあったわけです。過去においてエーザイ、武田薬品工業、第一三共は海外企業の大型買収に踏み切りました。エーザイのMGIファーマ、武田薬品工業のミレニアム・ファーマシューティカルズとスイスのナイコメッド、そして第一三共のランバクシー・ラボラトリーズという大型買収は、いずれも現金による株式取得でした。最近では2014年12月に大塚ホールディングスが米アバニアファーマシューティカルズを約35億㌦、邦貨換算にして約4,250億円で買収しました。こちらも現金による株式の公開買い付けでした。上記の買収がその後の業績や新薬開発に貢献したかどうかは疑問視される部分もありますが、今まで積み上げてきた現預金を、戦略的な企業買収に投入したわけです。その結果として、現預金が減少したり、借入金が増加したことは確かです。医薬品企業が保有すべき現預金の水準については見方が分かれますが、年間売上高が1兆円の企業であれば不要不急で純粋な銀行預金1,000億円、新製品や技術導入に充当するために1,000億円、そして副作用問題や訴訟リスクに備えるために1,000億円、合計3,000億円が一つの指標といわれていました。もちろん経営規模によってもこの金額は変動するでしょう。いずれにしても医

薬品業界にとってROEの改善は継続課題です。欧米並みの資本効率とバランスシート（貸借対照表）のマネジメントは重要な経営課題であり、株価への影響は大きいはずです。

(3) M&Aレシオの考察

表2-4　主要医薬品企業のM&Aレシオ

	時価総額 (10億円)	手元流動性 (10億円)	営業キャッシュフロー (10億円)	M＆Aレシオ (年)
4151 協和発酵キリン	889.8	13.2	66.5	6.6
4502 武田薬品工業	4,307.2	6.6	182.5	12.0
4503 アステラス製薬	3,416.0	395.8	187.7	7.2
4506 大日本住友製薬	491.9	91.3	30.3	5.3
4507 塩野義製薬	1,514.6	78.9	45.6	15.2
4508 田辺三菱製薬	1,134.3	166.3	68.2	6.0
4516 日本新薬	277.1	22.6	6.1	19.4
4519 中外製薬	1,856.6	235.5	62.9	11.3
4521 科研製薬	337.1	24.8	14.7	10.0
4523 エーザイ	2,036.1	-32.5	76.0	14.1
4527 ロート製薬	227.6	24.6	11.3	8.1
4528 小野薬品工業	2,015.4	125.7	31.6	28.6
4530 久光製薬	463.0	95.7	23.2	6.0
4534 持田製薬	190.1	42.2	5.1	10.7
4536 参天製薬	707.7	40.6	25.4	12.6
4538 扶桑薬品工業	23.2	0.8	4.0	2.8
4539 日本ケミファ	20.2	-3.8	2.4	5.8
4540 ツムラ	196.3	4.3	5.0	19.2
4543 テルモ	1,440.4	60.3	73.1	9.2
4547 キッセイ薬品工業	145.9	50.8	6.7	3.5
4553 東和薬品	86.0	-12.3	8.0	7.0
4555 沢井製薬	264.0	13.9	12.1	10.0
4559 ゼリア新薬工業	75.7	7.3	0.7	48.0
4568 第一三共	1,543.4	172.3	142.8	4.3
4578 大塚ホールディングス	2,274.1	332.7	253.9	3.3
4581 大正製薬ホールディングス	771.6	169.3	33.7	6.7

出所：トムソン・ロイター
注1：時価総額は2016年2月15日付け、手元流動性は現預金と有価証券の合計から長期負債を控除したもの。
注2：M&Aレシオは｛(時価総額×51%)－手元流動性｝÷営業キャッシュフローで計算。
注3：営業キャッシュフローは2015年3月期末時点の数値、ただし協和発酵キリン、中外製薬および大塚ホールディングスに関しては2015年12月期の数値。

よくわかる医薬品株

　日本企業が海外で企業買収を仕掛けるケースは珍しくありません。とくに医薬品業界の欧米でのM&Aは何があっても驚かないレベルになっています。一方で日本の医薬品企業が買われる可能性はあるのでしょうか。とくに医薬品企業のなかで「高水準の現預金を保有」して「資本効率が悪く」、「株価が過小評価」されていれば、格好の買収ターゲットとなります。ただしこれは医薬品企業に買収されるのではなく、アクティビストなる「物言う株主」のターゲットになるということです。表2−4のＭ＆Ａレシオは、被買収企業の発行済み株式数の51％を取得するたに必要な買収資金を何年で回収できるかを示したものです。買収資金は被買収企業の持つ現預金と営業キャッシュフローから充当することが可能という発想です。

　したがって多額の現預金を持つということは買収ターゲットになりやすいということです。多くの海外投資家は、こうした現預金を有する旧態依然とした企業が、企業価値向上の努力を怠り株主還元も十分に行われないことを懸念しています。

　余談ですが日本の医薬品業界で一番お金持ちだった会社は武田薬品工業です。それがミレニアム・ファーマシューティカルズとナイコメッドを買収したことで今は約6,000億円の借入金があります。年間1,800億円程度の営業キャッシュフローがあるため死活問題ではありませんが、武田薬品工業の現状を憂う投資家もいます。

　いわゆる戦略的投資の具体的案件もなく、積極的に株主還元や有効なキャッシュマネジメントができない企業に対する株主の視線は厳しくなっています。ROE8％は医薬品企業にとって最低限の目標でしょう。自社株買いは最近でこそ株主還元策の一環とし

48

て定着してきましたが、漠然とした自社株買いは良くありません。例えば大正製薬ホールディングスは自社株の保有比率が直近の自社株買い終了後約11％に高まっているにもかかわらず、自己株式の消去には消極的のようです。株式交換による企業買収のために保有するだけでは説明不足でしょう。やはり一つひとつの企業行動には明確な目的があるはずであり、それをステークホルダー（株主を始めとする企業を取り巻く利害関係者）へ知らしめることは大切なことです。日本の医薬品企業にとって、中期計画などで向こう3〜5年間の期間損益や経営方針を示すことは至極当然な行動となっています。手元流動性の活用の仕方についても考えを示していくべきでしょう。もちろん考えるだけではなく実際に行動へ移すことが重要です。

第3章

情報を集める

第3章　情報を集める

1. 必要かつ役立つ情報を見極めよう

基礎から応用まで情報は豊富

　医薬品業界に関する情報は豊富にあります。そのなかで何を取捨選択するのかは、その時々の株式市場の市況や注目テーマなどによって変わります。新薬開発は時間軸の長いテーマですから、ご自身で注目する銘柄や新薬候補を絞り込んで、とことんそれを追求することも可能です。最近は再生医療や細胞医薬品といった生命工学の最先端へ踏み込む医薬品企業も多くなりました。より一層の専門的な知識が必要とされる場面も増えています。不確実な情報や報道に惑わされないためには、情報の出所や新鮮度を確認することが欠かせません。

2. インターネットに溢れる情報

インターネットは適度に活用しよう

　インターネットは我々が情報を収集する上で、最も手軽で身近にある存在でしょう。それだけに情報の質もバラバラです。参考になるものを選んで自分自身の投資判断に結び付けることが大切です。私がインターネットで利用するのは様々な医療サイトです。医療機関や専門医、開業医など千差万別ですが、病気の治療方法や薬の使い方を知る上で役に立ちます。注目度の高い新薬などについては承認される前からネット上にはいろいろな評価や意見が出ています。もちろん専門家の見方ですから参考にはなりますが、うのみにするのは避けましょう。

53

3. 意外と少ない月次データ

製品動向を知るのには必要だが必須ではない

インターネットには情報が溢れているといいましたが、実は月次ベースの個別企業とそれぞれの主力製品の売上高のような基礎的なデータはなかなか入手できません。医薬品の流通はメーカーから医薬品卸を介して医療機関（病院や調剤薬局）へわたり、そこから需要者である患者へわたる仕組みです。医薬品の流通はプラセボ（偽薬）や不良品が出回らないようにすることはもちろんですが、在庫などの欠品を起こさないように非常に厳しく管理されています。したがって個別製品の売り上げ動向からMR（医療情報担当者）の医療機関訪問件数などの詳細なデータが集計されています。集計しているのは世界的な医薬品コンサルタント会社IMS Healthです。残念ながら著作権の制限で、我々が国内の詳細なIMSデータを入手することはできません。医薬品企業のプレゼン資料などでも出所IMS（転載・複写禁止）と明記されています。欧米などの海外のIMSデータは入手可能です。製品ごとの処方箋発行枚数の状況などを知ることができます。IMS以外のデータベースとしては国内にクレコンリサーチ＆コンサルティング、海外にEvaluate Pharmaといったコンサルタント調査会社があります。IMSを含めていずれも高価なデータベースであり、著作権の制限でアクセスが限定的であることは同じです。

クレコンデータの例

クレコンリサーチ＆コンサルティングの販売動態速報によると、2015年11月の医療用医薬品販売実績は、前年同月比で

第3章 情報を集める

図 3-1 米国の抗血液凝固剤の製品別処方箋発行枚数（週間単位）

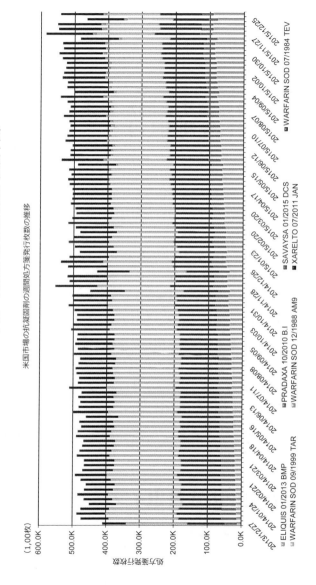

出所：IMS

よくわかる医薬品株

15.2%増と2ケタの伸びを示しました。新薬効果などが寄与した模様です。診療稼働日数は、前年同月よりも0.5日多く、一般用医薬品は11.7%増加となりました。

4. 企業の発表する開示情報や 決算資料を利用しよう

企業情報は充実

医薬品は急激に売り上げが変化する性格のものではありませんが、それでも新薬の発売時期や販売動向は気になります。医薬品業界をフォローしている証券アナリストは企業の窓口であるIR（インベスター・リレーション）へ問い合わせたり、四半期ごとの決算説明会／カンファレンスコールに参加して情報を入手します。こうした情報はネット上に掲載されることもあります。

医薬品企業は情報開示、重要事項のディスクロージャーに対しては前向きです。患者の生命に関与するという面からも、自らのガバナンスやコンプライアンスのハードルを高く設定する必要があります。その影響もあり医薬品企業のホームページやアニュアルレポート／CSR（企業の社会的責任）レポート／環境報告書などの充実度は高いといえます。アクセスすれば役立つ情報があるはずです。知識を深めるための第一歩と考えます。

5. 企業HPの注目ポイント

HPで検索してみよう

ホームページへアクセスすると「企業情報」、「企業理念」、「社

会的責任への取り組み」、「IR情報（株主・投資家情報)」、「製品情報」、「採用情報」、といった項目が並んでいます。企業情報には「社長／CEOのメッセージ」や「経営方針」、「企業概要」、「企業の生い立ち」などが紹介されています。企業情報で一定の知識を蓄えたら、とりあえずIR情報へアクセスしましょう。IR情報は投資家向けのサイトです。したがって情報の内容や質も株式投資に関係するものが中心です。「中期経営計画」、「業績」、「財務」、「主要製品」、「新薬開発」、「各種IR開示情報」、などが満載されています。これをすべて消化するのは大変です。足元の業績や主要製品の状況、新薬開発プロジェクトの進捗状況などを確認して、次の重要イベントがいつ、どこで、どのように起きるのかを知ることが大切です。

6. 決算発表や会社主催のイベントに注目

「決算発表」、「開発パイプライン」、「中期経営計画」を みてみよう

　企業にとって決算発表は株主総会に次ぐ重要イベントの一つです。四半期決算が定着したことで、ほとんどの企業が年4回の決算説明会／カンファレンスコールを実施します。決算発表予定日は各企業のIR情報サイトで知ることができます。最近は決算情報で株価が大きく動くことがあるので要注意です。決算で株価が大きく動くのは、実績値が事前の会社予想や市場コンセンサスに対して大幅に上振れ、または下振れした場合です。この場合、会社予想はその言葉どおりに会社が公表していますが、2Q(中間期)と4Q（通期）に限られます。市場コンセンサスは「IFIS株予報の

サイト」で閲覧可能ですが、証券会社がサービスで提供している
ものもありますので確認されることをお奨めします。

　決算発表のほかに医薬品企業は会社主催の研究所／施設見学会
や研究開発説明会を定期的に開催しています。これらは決算のよ
うな株価に影響するイベントではありませんが、研究開発説明会
は新薬開発の進捗度合いなどが確認できる貴重な機会です。こう
した説明会や見学会で使用された資料は企業のホームページの
IR情報にほぼリアルタイムでアップロードされます。

7. その他役に立つサイト

「厚生労働省」、「医薬品医療機器総合機構」、「製薬協」などがある

　監督官庁である厚生労働省では薬事行政や医療政策などに関
する様々な審議会が開催されており、その資料も閲覧可能で
す。膨大な量の資料があるので、興味のある範囲で厚生労働省
ホームページへアクセスして、「テーマ別の探す」→「健康・医
療」→「医薬品・医療機器」などで検索することをお奨めしま
す。とくに医薬品では中央社会保障医療協議会（中医協）が議論
の場となるため、中医協関連の資料にアクセスできるようにし
ておくと便利です（http：//www.mhlw.go.jp/stf/shingi/indexshingi.
html#shingi127947）。

　厚生労働省と並び重要な官庁は独立行政法人医薬品医療機器総
合機構（PMDA）です。ここで新薬の申請から承認までの一連の
プロセスが進められます。言うまでもなく新薬承認の審査状況な
どが外部へ伝わることはありません。医薬品の副作用などの安全

性情報が発信されます（https：//www.pmda.go.jp/）。

　業界団体では日本製薬工業協会（製薬協）がホームページで政策提言などを行っています（http：//www.jpma.or.jp/）。製薬協は内外の先発品メーカーが会員です。

ジェネリック、OTCもある

　ジェネリックメーカーが参加する業界団体は日本ジェネリック製薬協会です（http：//www.jga.gr.jp/）。こちらもジェネリック医薬品に関する政策提言などを掲げています。また一般用医薬品では日本OTC医薬品協会のホームページを参照していただくとよいでしょう（http：//www.jsmi.jp/）。

8. 薬価制度を理解しよう

　医薬品業界を語る上で薬価制度を避けてとおることはできません。

(1) 薬価基準

　薬価と略して使われますが正式には薬価基準。国民皆保険制度のもとでほぼすべての医療用医薬品の公的価格は、薬価基準によって規定されます。医療機関や調剤薬局は処方した薬をこの価格に基づいて保険請求します。

　医薬品企業にとって新薬発売までの重要なステップは第1に承認取得、第2が薬価収載、ということになります。現在、新薬は承認から60日以内に薬価収載されることになっています。いわゆる60日ルールです。新薬の薬価収載は原則年4回（通常は2, 5,

59

8，11月，薬価改定がある年は2月分を4月に実施)行われます。後発品の薬価収載（追補）は同じく年2回（6，12月）実施されています。

　新薬の薬価は「類似薬効比較方式」、または「原価計算方式」で決められます。ほとんどの新薬の薬価は類似薬効比較方式によって算出されます。類似薬効比較方式は同じ効果を持つ類似薬と比較することで、市場での公正な競争を確保することを目的としています。類似性とは効能・効果や薬理作用のほかに化学構造式、投与形態、剤形区分、剤形と用法を指しています。なお薬価は1日当りを基本に決められます。例えば1錠30円、1日3錠で1日薬価90円の類似薬がある場合、1日3錠の新薬ならば1錠30円で1日薬価90円、同2錠ならば1錠45円で同90円となります。

(2) 薬価基準改正（薬価改定）

　薬価基準で定められた薬価は2年ごとに見直すことになっています。前回の改正は2014年4月に行われたので、次回の改定は2016年4月に予定されています。すでに改定へ向けた作業は終盤に入っており、医薬品業界全体では薬価ベースで7,100億円、7%強の引き下げになる模様です。2010年以降の改定が引き下げ幅5〜6%内で決着しており、今回は下げ幅が拡大する方向です。ところでどうして薬価は下がるのでしょうか。それは薬価差益を圧縮するというルールだからです。薬価差益とは医療機関が薬剤の償還価格（薬価）と医薬品卸から購入する金額の差です。この差額は利益として病院や調剤薬局に残ります。過去に病院が得る薬価差益が20%以上という時代があり、それが薬の過剰投与につながるということから薬価差益圧縮の動きが強まりまし

第3章　情報を集める

た。現在は薬価差益を圧縮することよりも、医療財源を確保する
ために薬価は引き下げられる方向です。

　薬価改定は市場実勢価格平均値調整幅方式にのっとり、薬価収
載されているすべての医療用医薬品が対象になります。簡単に例

表3-1　改定の推移

| 改正年月日 | 改正区分 | 収載品目数 | 改定率 | | 備考 |
			薬剤費ベース (%)	医療費ベース (%)	
1967/10/1	全面	6,831	-10.2	-	
1969/01/1	全面	6,874	-5.6	-2.4	
1970/08/1	全面	7,176	-3.0	-1.3	
1972/02/1	全面	7,236	-3.9	-1.7	
1974/02/1	全面	7,119	-3.4	-1.5	
1975/01/1	全面	6,891	-1.55	-0.4	
1978/02/1	全面	13,654	-5.8	-2.0	銘柄別収載
1981/06/1	全面	12,881	-18.6	-6.1	
1983/01/1	部分	16,100 (3,076)	-4.9	-1.5	81%バルクライン方式
1984/03/1	全面	13,471	-16.6	-5.1	
1985/03/1	部分	14,946 (5,385)	-6.0	-1.9	
1986/04/1	部分	15,166 (6,587)	-5.1	-1.5	
1988/04/1	全面	13,636	-10.2	-2.9	修正バルクライン方式
1989/04/1	全面	13,713	+2.4	+0.65	消費税分の引上げ
1990/04/1	全面	13,352	-9.2	-2.7	
1992/04/1	全面	13,573	-8.1	-2.4	加重平均値一定価格幅方式R 15
1994/04/1	全面	13,375	-6.6	-2.0	R13
1996/04/1	全面	12,869	-6.8	-2.6*	R11
1997/04/1	全面	11,974	-4.4 **+1.4	+1.27 **+0.4	R10(長期収載医薬品R8)
1998/04/1	全面	11,692	-9.7	-2.7	R5(長期収載医薬品R2)
2000/04/1	全面	11,287	-7.0	-1.6	調整幅2%
2002/04/1	全面	11,191	-6.3	-1.3	調整幅2%(先発品の一定率引き下げ)
2004/04/1	全面	11,993	-4.2	-0.9	調整幅2%(先発品の一定率引き下げ)
2006/04/1	全面	13,311	-6.7	-1.6	調整幅2%(先発品の一定率引き下げ)
2008/04/1	全面	14,359	-5.2	-1.1	調整幅2%(先発品の一定率引き下げ)
2010/04/1	全面	15,455	-5.75	-1.23	調整幅2%(先発品の一定率引き下げ)
2012/04/1	全面	14,902	-6.00	-1.26	調整幅2%(先発品の一定率引き下げ)
2012/04/1	全面	15,303	-5.64 **+2.99%	-1.22 **+0.64%	調整幅2%(先発品の一定率引き下げ)

出所：厚生労働省
注：＊ 薬価算定方式の一部変更及び材料価格等を含む
　　＊＊ この他消費税対応分
　　（　）は改正対象品目数

61

を出すと以下のようになります。

例えば薬価100円、卸が販売する市場実勢価格が90円ならば

$$100 - \{90+2\,(調整幅\,2\%)\} = 8\,円$$

8%の引き下げ。2%は調整幅と呼ばれて流通在庫コストなどを補填するためです。

なお2016年の薬価基準改定については「第4章の医薬品業界のトピックス」でカバーします。

(3) 新薬創出加算

薬価改定のルールに従えば薬価は永続的に下がり続けることになります。これを是正しようとして2010年より試行的に導入されたのが「新薬創出加算」、正式には「新薬創出・適応外薬解消等促進加算」です。前半の新薬創出は画期性が高く市場競争力のある製品は上記の市場実勢価格も高く維持されるという前提を置いて、一定の条件を満たすことで薬価を現状通りに維持する制度です。長い薬価基準の歴史のなかで特殊なケースを除けば薬価が下がらないという初めての措置となりました。後半の適応外薬解消等促進加算は新薬創出加算で原資を得た医薬品企業に、国内未承認薬の開発を依頼してドラッグラグを解消する狙いがありました。新薬創出加算は2016年度も試行的継続となりました。医薬品業界は制度の恒久化を求めています。

この制度はなかなか有効です。これからも中長期的に安定した制度として運用されるべきでしょう。しかし一つ課題もあります。2000年の制度導入以来、新薬創出加算でより多くのメリットを享受してきたのは外資系医薬品メーカーです。中外製薬も抗がん

第 3 章　情報を集める

剤を中心に恩恵を受けていますが、親会社スイスのロシュの製品が主なものです。日本の医薬品企業の奮起を期待します。

図 3-2　新薬創出加算

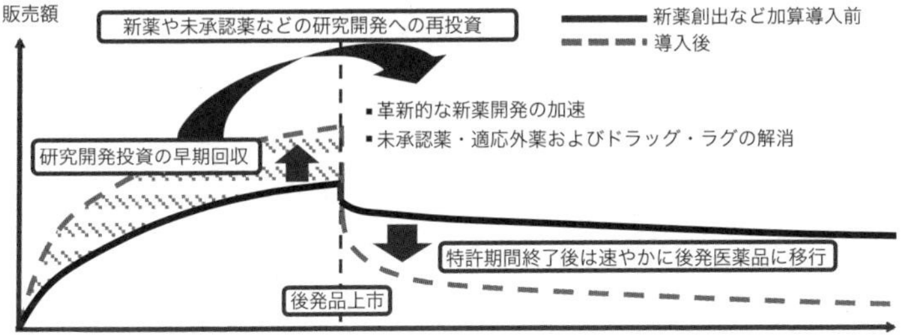

■特許期間中に前倒しして研究開発投資を回収し、ハイリスク・イノベーションに挑戦
■特許満了後は、後発品使用により薬剤費の効率化
■新薬や未承認薬などの開発が促進され、患者の利益につながる

出所：日本製薬工業協会

9. 専門用語に馴染もう

慣れれば難しくない業界用語

　医薬品には専門用語や業界独特の言い回しが多々あります。一般の方々が医薬品企業の株価を評価するために、すべての専門用語や業界知識に精通する必要はありません。一定水準の知識と経験を積めば医薬品株への投資は決して難しいものではありません。以下では知っておくべき業界知識と専門用語を紹介します。

①臨床試験：すでに述べましたが新薬として承認、発売許可を得るために実際の患者を対象にして行われる試験です。薬は生体にとっては異物です。その異物を体内に入れるわけですから安全性を担保しなければ薬になりません。薬は有効性と安

よくわかる医薬品株

全性のバランスの上に成り立つものです。

②作用機序（メカニズム）：薬の効き方の総称です。体内に入り
どのような生体内物質に作用しながら薬としての効果を発揮
するのかを解明します。ほとんどの場合、薬が結合する酵
素あるいは受容体といった特定の分子標的によって決まり
ます。

③抗体医薬：抗体はもともとヒトの生体内に存在するタンパク質
で免疫作用を担っています。これを医薬品として利用してい
るのが抗体医薬。特定の抗原（疾病の原因とされる異物）に
だけ反応するため効果が高い。代表的な抗体医薬品として抗
リウマチ薬『レミケード』が有名です。

④抗原抗体反応：抗原は「アレルギーをおこすもと」という意味
でアレルゲンとも呼ばれています。身体を外からの異物から
守るために、この異物を異質と認識し無毒化もしくは排泄す
るなどの生体反応が抗原抗体反応です。異物が抗原、異質で
あると認識するものが抗体です。よく抗原と抗体は鍵と鍵穴
にたとえられ、完全に一致した時にこの抗原抗体反応が起き
ます。花粉症は体内に入る花粉を抗体が異物として認識して
起こる典型的なアレルギー症状です。

⑤低分子化合物：抗体医薬が高分子であるのに対して、低分子化
合物は分子量が数百から数千単位で化学的に合成されたもの
です。経口での服用が可能で通常の医薬品はほとんど低分子
化合物です。

⑥分子標的薬：がん細胞の持つ特異的な性質を分子レベルでとら
え、それを標的として効率よく作用するようにつくられた薬
です。がん細胞を狙って攻撃するため、副作用をより少なく

第3章　情報を集める

しながら治療効果を高めることが可能です。

⑦**生物学的製剤**：生物学的製剤に関する明確な規定や定義はありません。一般に遺伝子、タンパク質、細胞や組織など生体由来の物質、あるいは生物の機能を利用して製造される医薬品で、抗体医薬をはじめとする遺伝子組み換えタンパク質がその代表です。キメラ型抗ＴＮＦ(腫瘍壊死因子)抗体レミケード、ヒト型抗体『ヒュミラ』などの関節リウマチ治療に使われる抗体医薬品の総称として定着しています。

⑧**ジェネリック（後発医薬品）**：特許で守られているのが先発品。先発品の特許が切れると、先発品と同じ有効成分を持つ廉価なジェネリックの販売が可能となります。先発品は「物質特許」、「製剤特許」、「用途特許」などで守られています。特許期間中は独占販売期間が与えられて該当する特許に抵触する製品の開発や販売は基本的にできません。先発品メーカーは独占販売期間中に新薬の研究開発にかかった費用と、それに対する利益を回収して、次の新薬開発へ充当します。

⑨**生物学的同等性試験**：ジェネリックの承認に課させる試験です。ジェネリックが先発品と同等の血中濃度を維持しているかどうかを確かめる試験です。通常は健康成人のみを対象に行われます。

⑩**血中濃度**：血液中に溶けている物質(薬の有効成分)の濃度です。採血して測定し、血液 1ml 中に含まれる重量（mg／ml など）や％で表示します。最高血中濃度は薬を投与後に得られる血中での最大値で、血中濃度が最高になるまでの時間を最高血中濃度到達時間と呼びます。最高血中濃度に達してから、その半分の濃度になるまでの時間が血中半減期です。血中濃度

が一定の値に達するまで薬の効果は発現せず、一定の値を超えると副作用が起こりやすくなります。薬が有効に作用し、かつ副作用も出ない血中濃度を有効血中濃度といい、この濃度を保つのに最適な服薬量と服薬回数を定めます。

⑪**オーソライズドジェネリック（AG）**：AGは先発品の特許が失効する前に、ジェネリックメーカーが先発品メーカーの許諾を得て発売します。AGは他の通常のジェネリックに対して日本では最長3ヵ月間、米国では180日間先行して発売できるため、ジェネリックメーカーにとってAGを販売できるメリットは大きいのです。

⑫**長期収載品**：すでに特許が満了した先発品です。後発のジェネリックも発売されていますが、引き続き一定水準の売り上げを維持しています。降圧剤や高脂血症治療剤などには多くの長期収載品があり、先発品メーカーの売り上げの30％近くを占めているとされます。一時は先発品メーカーにとっては有益な収益源でしたが、昨今はジェネリックの攻勢や薬価引き下げによって長期収載品に依存する企業の収益は厳しくなっています。

⑬**バイオシミラー**：先発品の生物学的製剤のジェネリック版です。ただし生物学的製剤は、生体内に入ると糖鎖が変化するなどして生物学的同等性を立証することが難しいため、バイオシミラーはあくまでも先発品と同等の品質、安全性、有効性を証明したという条件で承認されます。

⑭**糖鎖**：糖鎖（とうさ）とは、各種の糖がグリコシド結合によってつながりあった一群の化合物を指します。結合した糖の数は二つから数万まで様々であり、10個程度までのものをオ

リゴ糖とも呼びます。糖鎖は糖同士だけでなく、タンパク質や脂質、その他の低分子とも結合して多様な高分子を作り出します。これら糖タンパク質、糖脂質は生体内で重要な生理作用を担います。これが抗体医薬となります。

⑮**バイオマーカー**：ヒトの身体の状態を客観的に測定し評価するための指標の総称です。診断、経過観察、治療に用いられます。生化学検査、血液検査、腫瘍マーカーといった臨床検査値のほかに、CT（コンピューター断層撮影）やMRI（磁気共鳴映像）、PET（陽電子放射断層撮影）などの画像診断データも含まれます。例えば血糖値HbA1c（ヘモグロビン・エイワンシー）は糖尿病の診断マーカーとモニタリングマーカーです。前立腺がんの有無を知りたい場合に調べるPSA（前立腺特異抗原）は診断マーカー、乳がんの治療法を決める際に診るHER2は予測マーカーといった具合です。新薬開発におけるリスクと負担を軽減する存在として、医薬品業界でもバイオマーカーの注目度が高まっています。

⑯**奏効率**：何らかのがん治療法を患者に用いた際、その治療を実施した後にがん細胞が縮小もしくは消滅した患者の割合を示したものです。がん治療法の評価基準として用いられ、奏効率20％以上の場合に効果があるとされます。ちなみに臨床試験後のがん細胞の状態は、以下の4段階に分けることができます。

CR（Complete Response）：完全に腫瘍が消失している。完全奏効ともいう。

PR（Partial Response）：腫瘍が全体の30％以上消失した状態。部分奏効ともいう。

よくわかる医薬品株

SD（Stable Disease）：腫瘍の大きさが、治療前とまったく変わらない。

PD（Progressive Disease）：治療前と比べて腫瘍が20％以上大きくなった状態、もしくは新病変が出現した。

奏効率は以下の算出方法で計算されます。

（CRの患者数+PRの患者数／治療患者総数）×100
＝奏効率（％）

⑰**全生存期間（OS／Overall Survival）**：がんの治療効果を客観的に判定するときに使われる用語で、治療を開始してから原因を問わず亡くなるまでの期間を指します。がんの種類や臨床試験で定められた条件などによって違いがあります。抗がん剤の承認や治療効果を評価するために最も重視される指標です。

⑱**無増悪生存期間（PFS／Progression Free Survival）**：がんが進行することなく生存している期間をいいます。抗がん剤による治療が奏功していることを示す指標で、がんの種類や臨床試験で定められた条件などによって違いがあります。

⑲**再生医療**：ヒトの臓器、組織が欠損状態となり機能障害や機能不全に陥った場合に、失われた機能を再生するために、細胞や組織を移植することが必要となります。臓器や組織機能を再建する医療技術を総合して再生医療といいます。骨髄や臍帯血の中にごくわずかに存在する幹細胞を補充しようという試みなどが盛んに行われております。組織を移植する技術も広い意味では再生医療に入ります。組織工学と呼ばれる技術

68

第3章　情報を集める

分野とも関連します。現在は重症熱傷（やけど）や心不全、網膜関連で実用化が進んでいます。将来的には幹細胞などから取り出した細胞医薬品と医療機器などが融合し、再生医療が発展していくと考えられます。

⑳**コンパニオン診断薬**：薬を投与する際に効果や副作用を予測するために使う診断薬をコンパニオン診断薬といいます。治療薬とセットでの開発が進むことで個別化医療へ向けて大きく前進します。

㉑**個別化医療（パーソナライズド・メディシン）**：バイオマーカーなどに基づいた患者の個別診断や生活環境などを考慮して、個々の患者に適した治療法、治療薬を提供することです。

㉒**健康寿命**：健康寿命とは日常的に介護を必要としないで、自立した生活ができる生存期間のことを指します。WHOが2000年にこの言葉を公表しました。平均寿命から介護（自立した生活ができない）を引いた数が健康寿命になります。2004年のWHO保健レポートでは、日本人の健康寿命は男性で72.3歳、女性で77.7歳、全体で75.0歳で世界第1位です。一方、厚生労働省は、2010年の統計で日本人の健康寿命は男性で70.42歳、女性で73.62歳と2012年6月に発表しました。

　以上はあくまでも無作為的に選んだ業界専門用語です。これ以外にも様々な用語や略語が使われます。ただし幸運なことにインターネットの時代になり各種の専門サイトへのアクセスが可能になりました。例えば以下の製薬協の「医薬品業界・GMP関連用語集」では医薬品業界の略語、綴り、日本語訳を検索できます。

　　http：//www.jpma.or.jp/glossary/

　また一般のYahoo! Japanのような検索サイトからも専門用語や

69

疾病、治療法などに関する情報へアクセスが可能です。ただし不確かな情報や無益なサイトもあるため、正確性を期すために専門サイトでセカンドオピニオン、サードオピニオンを確認するとよいでしょう。

第4章

米国の医薬品市場と
欧州医薬品企業

第4章　米国の医薬品市場と欧州医薬品企業

1. 米国の医療制度

　次章で日本の医薬品業界に関連するトピックスをカバーする前に、本章で米国医薬品市場と欧州医薬品企業の状況についてみておきましょう。米国は世界最大の医薬品市場であると同時に、医薬品だけにとどまらず医療やサイエンスに対して最大の資金の供給元でもあります。

(1) NIHの存在

　大局的な捉え方ですが、米国政府はNIH（National Institute of Health：アメリカ国立衛生研究所）などを通じて、米国内だけでなく世界へ研究開発資金を提供しており、米国に集まるヘルスケアファンドは世界の医薬品企業やヘルスケアビジネスへ投資しています。

　日本の医薬品企業にとっても米国へ進出しプレゼンスを築くことは重要な経営戦略となっています。米国抜きには日本医薬品ビジネスは語れません。

　世界中から最先端の医療技術と人材が集まる米国では、医療にも民間部門が大きくかかわっています。薬価制度だけをとってみても米国では基本的に医薬品企業と保険会社や薬剤給付管理会社が交渉によって価格をある程度自由に設定できます。

　一方、日本の医薬品市場は薬価制度によって規制されていますが、安定的であり新薬創出加算などで新薬の価値を評価する仕組みがあります。また欧州では薬価や医薬品の利益率に対して一定の歯止めがかけられており、緊縮財政によってイノベーションに対する評価が反映されないという見方が強まっています。

73

(2) 最先端を走る米国医療の光と陰

　米国の医薬品産業が世界中からヒト・モノ・カネを吸い寄せる魅力は、日欧と比較して迅速な制度・技術革新であり、医薬品・バイオテクノロジー産業を国家戦略の一環として育成に巨額の資金を投入していることは先に述べたとおりです。米国ではNIHを中心とする政治・行政・医薬品産業間の協力関係は日本人が思う以上に極めて密接であるようです。フェア・ディスクロージャー（情報の公正な開示）の精神が強い米国では、情報の共有度も高いとされます。ライフサイエンス分野における産学官の協力体制は我々が考えている以上に強固であり、その底辺にはアカデミアからの活発な人材の供給があり、また産学官で人材が自由に動けるアクセスフリーの米国は、ライフサイエンス研究に最適の環境とインフラが揃っているのです。

　こうしたライフサイエンス研究の厚みをテコにして、米国は様々な新薬開発で世界をリードするとともに、新薬が他国に先駆けて承認され発売される市場となっています。米国は日欧とは異なり国民皆保険のような制度を持ちません。米国民は高齢者向けと低所得者層向けの公的医療保険制度か、一般人は民間医療保険に加入することになります。こうしたなか近年問題となったのはどの保険にも加入していない、または加入できない無保険者の増加でした。

　GDP（国内総生産）に占める総医療費の割合が突出して高いのは米国です。米国の医療費や薬価は世界一高いというのが定説であり事実だと思います。これは米国の医療が民間保険主導であり、公的保険に相当するメディケアは65歳以上の高齢者・身体障害者を対象に連邦政府が主管、メディケイドは低所得者・貧困

者層を対象に州政府が主管しています。とはいえ米国の医療保険の問題点は、民間保険料は高く平均的な一世帯当たりの掛け金は14,000ドル（約165万円）を上回ると試算されます。メディケアとメディケイドは保険対象者が限定されるため、米国では総人口の16％に相当する4,700万人の無保険者の存在が問題でした。こうした無保険者は適正な医療サービスを受けられないだけでなく、保険加入者の保険料の増加に跳ね返ることになります。米国の医療サービスと保険料が高いことが根本的な問題であり、国民皆保険制度を導入しても解決するわけではないのです。ライフサイエンス研究を米国医療の光の部分とすると、無保険者は陰の部分といえます。

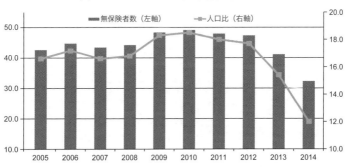

図4-1　アメリカの医療保険非加入者

出所：Employee Benefit Research Institute estimates of the Current Population Survey, March 2000–2015 Supplements
注：2005–2012データと2013–2014データにおいて被保険者の集計方法に変更があったため、直接的な比較はできない

2014年1月から施行された通称オバマケア（Affordable Care Act）は無保険者の医療保険加入を義務付け、そのための公的医療保険を提供し補助する仕組みです。2014年のオバマケア加入

者は710万人と推測され、2015年には900〜990万人へ達すると予想されました。この予想は米議会予算局（CBO）の当初見込み1,300万人を下回ります。無保険者の解消には時間がかかりそうですが、オバマケアが着実な成果を上げていることも事実です。加入者はとりあえず基礎的な医療サービスを受けることが可能となり、診断や検査薬の需要や、医療用医薬品の処方箋の発行枚数は増加しています。

表4-1　オバマケアの主な施策

施策	概要
保険加入の義務付け	・個人にも、原則、医療保険への加入を義務付ける。加入しない場合は罰金支払わなければならず、この罰金額も段階的に引き上げられる（2014年罰金額…95ドル、2015年同…325ドル） ・従業員数50人以上の企業は、医療保険を提供しなければならない（提供しない場合2,000ドルの罰金税）
公的医療保険制度の拡大	・低所得者向け保険「メディケイド」の受給範囲を、連邦貧困レベル100％から138％に拡大する
民間保険会社への規制強化	・病歴や健康状態による保険料設定や加入拒否などの行為を禁止 ・26歳迄の被扶養者を保険給付の対象とする ・個人の年間保険料の負担額は上限を6,350ドルに設定 ・予防医療など必要医療給付10項目の設定 ・保険料収入の80〜85％は医療給付に還元　など
政府補助金の新設	・低所得者に対する負担保険料の払戻しと所得水準に比例する補助金の支給・従業員25人以下の小規模雇用主に対する補助金の支給
新たな官製市場の創設	・個人や従業員100人以下の小規模事業主が保険を購入しやすい環境として、医療保険のインターネット市場サイト「エクスチェンジ」を創設
財源の確保	・医療機器関連企業に対する2.3％の増税

出所：報道資料よりクレディ・スイス作成

解説：米国の無保険者

　2008年9月のリーマンショックに端を発した金融不況から米国経済は、回復途上にあるにもかかわらず、無保険者が減少しないのは次のような社会構造的な要因によるためという見方ができます。

①米国の経済構造がハード（製造）からソフト（IT, サービス

など）へシフトするなか、自動車産業のレガシーコストに
代表されるような、大手製造業による従業員のための医療
保険負担は削減されている。また歯止めがかかりつつある
とはいえ大手製造業の工場海外移転による空洞化が進んだ。

②保険料の上昇による個人負担の増加、扶養家族の保険料負
担の増加などで、平均的な所得があっても医療保険料を支
払えなくなった。米国の医療保険の問題点は、民間保険料
は高く平均的な一世帯当たりの掛け金は 14,000 ㌦（約 165
万円）を上回ると試算されます。失業や転職などでも医療
保険を失うため、景気に左右されやすい面もあります。

③中小企業は従業員に対して十分な医療保険の提供を行う余
裕がない。

(3) 米国の公的医療保険とマネージドケア

米国の公的医療保険制度は大きくメディケア（Medicare）とメ
ディケイド（Medicaid）に分けられます。メディケアは連邦政
府が管轄する高齢者を対象とした公的保険です。約 4,000 万人
が加入しています。加入資格は社会保障や年金などの受給資格
のある 65 歳以上の高齢者となっていて、一般的に高齢者のた
めの公的医療保険という位置付けです。メディケアはその種類
によってパートA、B、C、Dに分類されています。とくにパー
トDは 2003 年のメディケア処方箋薬改善近代化法（Medicare
prescription, improvement, and Modernization Act of 2003： 通 称
MMA）によって立法化され、2006 年 1 月 1 日より施行されたも
のです。具体的にはこれまでメディケアでカバーされていなかっ
た処方箋薬の費用をパートDに加入すれば一定の自己負担で賄

うことを可能にしました。実際にパートＤが施行された2006年は新規処方箋発行枚数が着実に増加し、医薬品業界にとってはフォローの風となったのです。

一方のメディケイドは一定の所得以下という条件で医療弱者や障害者、高齢者が対象となりますが、一般的には低所得者層のための公的保険という位置付けです。加入者は5,000万人に迫ると推定されます。メディケイドは各州レベルで管理され、州政府と連邦政府の資金によって運営されています。

民間医療保険は保険会社が提供するマネージド・ケア（Managed Care）と呼ばれるタイプが最も一般的です。米国民の4分の3が民間医療保険に加入しているといわれますが、毎年の医療支出の上昇と保険料の増加は家計を圧迫しています。マネージド・ケアに明確な定義はありませんが、保険会社が加入者（患者）と医療機関の仲介役となり提供される医療サービスとその対価であ

表4-2　米国の医療保険・医療サービス提供組織

分類	内容	提供主体	提供サービス概要
政府系	医療保険	メディケア	65歳以上の高齢者・身体障害者などを対象、連邦政府が主管
		メディケイド	低所得者層・貧困者層を対象、州政府が主管
民間系	医療保険	一般医療保険	生命保険会社の販売する伝統的な疾病医療保険
		ブルークロス	非営利の入院保険で入院時の診療費をカバー、地域ごとに設立
		ブルーシールド	非営利の診療保険で医師技術料金をカバー、地域ごとに設立
		HMO	団体前払い一括請負形式で医療サービスと保険をセットで提供
		自家保険	雇用主による従業員への直接医療保険提供システム、大企業に多い
	医療保険関連サービス	PPO	会員制の医師・病院による割引医療サービス提供組織、自己負担で紹介リストに載っていない医師の診療を受けることも可能
		POS	原則的にPPOと同様、医師は患者に対して基本的な医療サービスを提供し、必要に応じて専門医を紹介する、専門医の診療には追加的な診療費が必要
		PBM	薬剤給付管理サービス会社、会員に同効能で安価な処方箋を提供
		TPA	保険請求に関する契約管理・事務処理を保険会社に代わって代行

出所：クレディ・スイス
注：HMO (Health Maintenance Organization), PPO (Preferred Provider Organization), POS (Point of Service Plan), PBM (Pharmacy Benefit Management), TPA (Third Party Administrator)

る保険料を決める制度といえます。マネージド・ケアはさらに
HMO（Health Maintenanace Organization：健康維持機構）やPPO
（Preferred Provider Organization）、POS（Point of Service）などに
分かれます。HMOに加入すると保険会社が指定した医療機関で
しか医療サービスを受けられず、使える処方薬も限定されます。
専門医の受診なども制限される一方、加入するための保険料は低
く抑えられる仕組みです。またHMOよりも受診の選択肢が広い
のがPPOやPOSですが、そのためには割増料金や自己負担の増
加が発生する仕組みであり、健康もお金次第ということです。

　マネージド・ケアの大きな部分として、主に大手の民間企業は
一括で保険会社と契約して、従業員のための医療保険を提供する
ケースがあります。こうした医療保険の提供や一部負担は企業業
績が好調な時は従業員確保のための有効な手段ですが反面、景気
減速時などに解雇された従業員とその家族は、医療保険を失うリ
スクを負っています。米国の医療には景気連動型の部分が大きい
理由の一つです。

(4) オバマケアの成立

　自由診療と自己責任を大前提にした米国の医療風土に一石を投
じたのがオバマケアです。現大統領のバラク・オバマが2008年
アメリカ大統領選挙で公約として掲げたもので、いわゆる米国民
に健康保険加入を義務付けるものでした。いわゆる米国版国民皆
保険です。

　2010年3月にオバマ大統領が署名して成立（完全実施は2014
年以降）したことから、オバマケアとも呼ばれますが、正式には
「Patient Protection and Affordable Care Act（患者保護並びに医療費

負担適正化法）」、簡略して Affordable Care Act（ACA）です。保険未加入の低所得者に補助を行うことにより、国民の健康保険加入率を抜本的に向上させる内容でした。しかし、住民から保険料を強制的に徴収すること、2014年までに保険加入を義務づけないとメディケア給付を打ち切るとした点について、共和党知事を担ぐ各州が反発するなど多難の船出となりました。

　現在オバマケアの施行から約2年が経過しました。当然といえば当然ですが、新規保険加入者の増加によって診断件数や検査、投薬が増えているようです。しかし一方では、民間保険の保険料の上昇や保険でカバーされる診療や薬剤がカットされたり、従業員の保険料負担に耐えられない企業による人員削減という弊害も指摘されています。

　2016年は米国で4年に1度の大統領選挙の年です。すでに高騰する薬剤費に対して、民主党の大統領候補ヒラリー・クリントンが規制するという方針を打ち出しています。共和党候補が大統領に就任すればオバマケアの修正は不可避とみられます。米国の医療制度を巡る動静は再び活発化する可能性があります。

表 4−3　オバマケアで規定された保障10項目

①外来診療
②緊急治療室の利用
③入院患者へのケア
④出産前および出産後のケア
⑤行動療法、カウンセリング等を含むメンタルヘルスや薬物乱用者に対するサービス
⑥処方箋
⑦けがや障害、慢性疾患のリハビリサービス、作業療法、音声言語病理学、精神科リハビリテーション
⑧ラボサービス
⑨予防サービス（健康維持のためのカウンセリング、ワクチン等を含む）や慢性疾患の管理
⑩歯科、視力を含む小児サービス

出所：報道資料よりクレディ・スイス作成

オバマケアの要点（ウィキペディア編集）

- Affordable Care Act（ACA）では 2010 年から 2020 年にかけて様々な施政が予定されている。既得権者除外条項により、2010 年以前の政策に基づく保険契約には影響を及ぼさないが、それ以外には様々な改革が加えられる。2010 年 1 月 1 日より、新たに以下の様々な大きな変更が加えられる。

- 保険者は以前の健康状況に基づいて保険加入を拒否することは禁じられる。また全ての被保険者に対し、同じ年齢・同じ居住地区であれば同等の保険料を設定しなければならず、年齢・以前の健康状況にて差をつけることは禁じられる（喫煙者は例外）。

- 保険が標準でカバーしなければならない保障範囲が定められる。

- 被用者保険、メディケア、メディケイド、その他の公的制度（TRICARE など）にてカバーされない無保険者は、承認を受けた民間保険に加入するか、ペナルティを払わなければならない。これは歳入庁の定めによる金銭的困難者、宗教団体の一員であるのならば除外される。低収入者には補助金を給付できる条項が定められている。

- 全ての州に医療保険取引所が開設され、個人や小規模事業者は、そこで保険内容を比較し保険を購入することができる（対応者には政府補助が支給される）。取引所は 2013 年 1 月 1 日にオープンする予定だったが、数度変更されている。

- 低収入の個人・家庭（連邦政府の定める貧困線にて 100%

よくわかる医薬品株

〜400%）に対しては、それに比例して、保険取引所での
購入時に連邦政府より補助金が受けられる。貧困線にて
133% 〜 150%の場合、その保険料は補助金が付くと収入
の 3-4%ほどになる。2013年では、年収 $45,960 未満の個
人や $94,200 未満の 4 人家族では、追加で税額控除を受け
るか、また取引所から毎月保険者に送金するかで選ぶこと
ができる。小規模事業者は補助金を受給できる。

- メディケイド制度が拡張され、対象者は収入が連邦政府の
  貧困線で 133%の個人・家族まで引き上げられた。また障
  害の無い成人、補助者のいる児童にも適用される。かつ法
  では、メディケイド資格の上限は貧困線にて 138%の者と
  設定され、その 5%については所得に関係なく資格を得る
  ことができる。さらに児童医療保険プログラム（SCHIP）
  の受給要件が簡素化された。

- メディケアの支払い制度が出来高払い制度から包括払い
  制度になり、医療機関はより一層の経営努力が求められる
  ようになった。さらにメディケア Part D のギャップ（俗称
  donut hole）が徐々に縮小され、2020年1月1日には完全
  になくなる。

- 50 人以上の従業員を抱えているがフルタイム雇用者に医
  療保険を提供しない事業者は、もしそのフルタイム雇用者
  らの医療保険加入に対して政府が（税控除などの形で）補
  助金を出していたならば、事業者は税制上のペナルティを
  払わなければならない。2013年7月、歳入庁はこの措置
  を 1 年延期すると発表した。

2. FDA（Food and Drug Administration：食品医薬品局）の存在

(1) FDAの現状

米国の医療と医薬品を語る上で避けて通れないのがFDAの存在です。FDAの責務は、ヒトおよび動物用の医薬品、生物製品、医療機器、食品、化粧品、それに放射線を放出する製品の安全性と効果を保証することによって国民の健康を守ることです。

1992年に「処方箋ユーザーフィー法（Prescription Drug User Fee Act：PDUFA）」が成立し、FDAは新薬の迅速審査を内外に告知したことになります。同法は医薬品と生物製品の製造申請者は製品の申請書、および変更申請書、その他のサービスに対して料金を支払うことが要求されます。また、同法はFDAが申請書を迅速審査するために、これらの財源を用いて多くの審査官を雇用することを求めています。同法は5年間の時限立法で

図4-2　新薬承認数

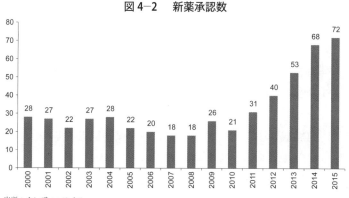

出所：クレディ・スイス

よくわかる医薬品株

ありましたが、1997年に再立法化される格好で第2次処方箋ユーザーフィー法が成立する一方、FDAに対して行政面における広範囲な改革要求が出されました。改革を経て現在のFDAの新薬審査体制は世界で最も迅速であり、年間に承認される新薬の数も増えており、審査期限はほぼ守られているといってよいでしょう。

(2) FDAの制度

FDAは医薬品の審査、承認に関連する規定を一手に引き受けています。第一義は国民の安全と健康を守ることです。その責任は動物薬、生物製品、医療機器、食品、化粧品、放射能を放出する製品、にもおよびます。

医薬品の審査、新薬の承認に関しては主に以下のような制度があります。

- ファストトラック（優先承認審査制度, Fast-track designation）：完治が難しい疾患に対し、高い治療効果が期待できそうな新薬をFDAが優先的に審査する制度。1997年のFDA近代化法により、ファストトラック指定を受けると、新薬承認申請（NDA）の提出前や申請途中にもFDAとの協議が促進されます。また試験結果が入手でき次第、FDAに提出できるローリング・ベース（締め切りがない）でNDAを申請できます。ローリング申請になるとFDAは全データの提出を待たず、試験結果が提出されるごとにこれを審査します。
- 迅速承認制度（Accelerated drug approval program, Expedited procedures とも呼ばれます）：重篤または生命を脅かす疾

患に用いる新薬を対象とし、臨床効果が代用評価項目による評価で有効であることが、見極められたときには早期に新薬としての承認を与える制度。この制度による承認では新薬の有効性を市販後も調査することが義務付けられています。迅速承認制度で承認された医薬品が、市販後調査で有効性が示されなかった場合、FDAには医薬品を市場から撤回する権利があります。

・医薬品優先審査方針（Priority review policy）：この指定を受けると審査期間が通常10カ月のところ6カ月に短縮されます。既市販薬あるいは既承認薬と比較して、何らかの治療上の進歩をもたらす可能性のある医薬品を優先的に審査しようという狙いです。

・オーファンドラッグ（米希少疾病用医薬品法：Orphan drug designation）：患者数20万人以下の希少疾病の新薬の開発を促進するためFDAが与えるもので、指定を受けると米国では7年間の先発権保護が与えられます。その他に臨床試験費を負担する米国政府からの補助金の獲得、臨床研究費用の税額控除、FDA申請における医薬品審査手数料の免責、治験実施計画書の審査の支援があります。

(3) ブレークスルー・セラピー（BT）制度の導入

　FDAは2013年にブレークスルー・セラピー（BT）制度を導入しました。類似の制度として上記のファストトラック（優先承認審査制度）や医薬品優先審査方針（Priority review policy）、オーファンドラッグ指定などがありますが、これらはあくまでも承認審査のプロセスを短縮したり、簡便化する制度です。BTとはその名

よくわかる医薬品株

称が示すように、既存の治療薬を効果で大きく上回る可能性がある新薬候補を指定するものです。開発を手掛ける企業がFDAへBT指定の申請を行います。BT指定されても後に有効性などが優れていなければBT指定は取り消されます。

　BTに指定されるためには、まず少数の臨床データが必要です。BTに指定されれば早期承認取得に向けてFDAから全面的な協力を得られます。実際に開発期間がどの程度短縮されるかは、臨床開発のどの段階でBTの指定を受けるか、指定後FDAがどのような臨床データを要求するかにより異なってきます。順調であれば通常の半分程度の臨床開発期間で承認取得が可能になります。

　BT制度は米国のがん研究・支援のNPOである「Friends of Cancer Research（FCR）」を中心とする働きかけにより創設されました。2015年12月までに337件のBT申請があり、うち110件がBTに指定され、181件は却下されました。現在BT指定された39製品が承認されています。BTには、がん、感染症、希少疾患の治療薬が多く指定されています。日本企業では武田薬品工業の非ホジキンリンパ腫治療薬『ニンラロ』、小野薬品工業／米ブリストル・マイヤーズスクイブの抗PD-1抗体『オプジーボ』、ロシュ／中外製薬の肺がん治療薬『アレセンサ』がBT指定を受けた後、承認・発売されています。またエーザイの抗がん剤『レンビマ』が腎細胞がんの適応とロシュ／中外製薬の血友病A治療薬『ACE910』がそれぞれBT指定を受けています。

　日本でもBT指定に先駆け指定制度が2015年に導入されました。これについては次章の「医薬品業界の注目点」でカバーします。

86

3. 欧州医薬品企業の現状

米国に迫る欧州医薬品企業

　欧州の医薬品企業のグローバルの競争力は他の製造業やIT産業と比較して際立って高いといえます。医薬の源をたどれば欧州にたどりつくように、もともと欧州には医薬に対する長い歴史と知識の蓄積があります。医薬品への取り組みが早かったことと、化学をベースにした優れた合成技術を持っていたため、欧州の医薬品産業は総合化学企業の一部として発展してきました。例えば世界で最もポピュラーな解熱鎮痛剤となったアスピリンは1899年に西ドイツ（当時）のバイエルが開発したものです。当時のバイエルの主力事業は染料で、アスピリンの有効成分であるサリチル酸の酢酸エステルは染料の合成に使われていました。ところが研究段階で偶然にも人体への解熱鎮痛作用が解明され、医薬品として急速に普及した物質とされています。

再編を経た欧州医薬品企業

　欧州の総合化学企業は1980年代半ばから後半にかけて、事業再編による経営資源の分離や売却、欧州域内での再編の機運が高まりました。これは1992年のEC（欧州共同体）市場統合へ向けた助走でもあったのです。ECには当時12カ国が加盟しており、現在のEU（欧州連合，2015年時点で28カ国加盟）の母体となっています。当時の欧州の医薬品業界の流れは、欧州域内での足場を固めた上で、米国と日本での事業拡大を目指すものでした。1990年代に入り欧米の医薬品業界の再編は激化し、いくつかの大西洋をまたいだ企業買収も成立しました。ただし残すべきもの

よくわかる医薬品株

表4-4　FDAのブレークスルーセラピー指定品目

		Agent (Trade Name)	Sponsor	Date of BT Designation Disclosure
		Setmelanotide	Rhythm	2016/1/7
		VTS 270	Vtesse	2016/1/6
		BI 1482694	Boehringer Ingelheim	2015/12/18
		KTE-C19	Kite	2015/12/7
		Avelumab	Merck KGaA and Pfizer	2015/11/18
		SD-809 (deutetrabenazine)	Teva	2015/11/9
		Pembrolizumab (Keytruda)	Merck	2015/11/2
		Pexidartinib (formerly PLX3397)	Daiichi Sankyo	2015/10/30
		Inotuzumab Ozogamicin	Pfizer	2015/10/19
		RBX2660	Rebiotix, Inc.	2015/10/12
		Abemaciclib	Eli Lilly	2015/10/8
A	※	Nivolumab (Opdivo)	BMS	2015/9/16
	※	ACE910	Roche/Genentech	2015/9/4
A	※	Nivolumab (Opdivo)	BMS	2015/9/2
		Cabozantinib	Exelixis	2015/8/24
A	※	Lenvatinib (Lenvima)	Eisai	2015/7/29
		Ultratrace iobenguane I-131 (Azedra)	Progenics	2015/7/28
		Tafinlar and Mekinist combination	Novartis	2015/7/24
		BMS-663068	BMS	2015/7/21
		DX-2930	Dyax	2015/7/7
		AR101	Aimmune	2015/6/18
		SER-109	Seres	2015/6/12
		ACTEMRA/RoACTEMRA	Genentech/Roche	2015/6/10
		Olipudase alfa	Sanofi/Genzyme	2015/6/4
A		Siroliums (Rapamune)	Wyeth, Pfizer	2015/5/28
		Venetoclax	AbbVie/Roche	2015/5/6
		Xalkori (crizotinib)	Pfizer	2015/4/21
		Viaskin Peanut	DBV	2015/4/9
		Grazoprevir/Elbasvir	Merck	2015/4/8
		Grazoprevir/Elbasvir	Merck	2015/4/8
		Rucaparib	Clovis	2015/4/6
		EBV-CTL	Atara and MSKCC	2015/3/2
		Ibalizumab (TMB355)	TaiMed	2015/2/27
		Rindopepimut (Rintega)	Celldex	2015/2/23
		LentiGlobin	BlueBird	2015/2/2
		MPDL3280A	Genentech/Roche	2015/2/1
		Obeticholic acid (OCA)	Intercept	2015/1/29
A		Ranibizumab (Lucentis)	Genentech/Roche	2014/12/15
A	※	Ixazomib	Takeda	2014/12/2
		JCAR015	Juno Therapeutics	2014/11/24
		Dupilumab	Regeneron/Sanofi	2014/11/20
		SPK-RPE65	Spark Therapeutics	2014/11/6
		NBI-98854	Neurocrine Biosciences	2014/10/30
A		Pembrolizumab (Keytruda)	Merck	2014/10/27
		AP26113	Ariad	2014/10/2
A	※	Nivolumab (Opdivo)	BMS	2014/9/26
A		Eylea (aflibercept)	Regeneron	2014/9/16
		Nuplazid (pimavanserin)	Acadia	2014/9/2
		CRS-207 and GVAX	Aduro	2014/7/21
A		Pirfenidone (Esbriet)	InterMune	2014/7/17

88

第4章 米国の医薬品市場と欧州医薬品企業

Date of BT Designation Disclosure	Indication	Category
2016/1/7	Pro-opiomelanocortin (POMC) deficiency obesity	Rare Inherited Disorder
2016/1/6	Niemann-Pick Type C1 Disease (NPC)	Rare Inherited Disorder
2015/12/18	Advanced/pre-treated EGFR mutation-positive NSCLC	Cancer
2015/12/7	Refractory, Aggressive Non Hodgkin Lymphoma (NHL)	Cancer
2015/11/18	Metastatic Merkel cell carcinoma (MCC)	Cancer
2015/11/9	Tardive Dyskinesia	Other
2015/11/2	Microsatellite Instability-High (MSI-H) metastatic colorectal cancer (mCRC)	Cancer
2015/10/30	Tenosynovial Giant Cell Tumor (TGCT)	Cancer
2015/10/19	ALL	Cancer
2015/10/12	Recurrent Clostridium difficile (C diff) infection	Infectious Disease
2015/10/8	HR+ Advanced Breast Cancer	Cancer
2015/9/16	Advanced renal cell carcinoma	Cancer
2015/9/4	Hemophilia	Rare Inherited Disorder
2015/9/2	Nonsquamous NSCLC	Cancer
2015/8/24	Renal cell carcinoma	Cancer
2015/7/29	Advanced and/or metastatic renal cell carcinoma	Cancer
2015/7/28	Pheochromocytoma and paraganglioma	Cancer
2015/7/24	NSCLC w/ BRAF V600 mutation	Cancer
2015/7/21	HIV-1 in heavily treatment-experienced adult patients	Infectious Disease
2015/7/7	Hereditary angioedema (HAE)	Rare Inherited Disorder
2015/6/18	Peanut allergy in children and adolescents	Other
2015/6/12	Clostridium difficile infection (CDI)	Infectious Disease
2015/6/10	Systemic scerlosis	Other
2015/6/4	Niemann-Pick disease Type B	Rare Inherited Disorder
2015/5/28	LAM	Other
2015/5/6	CLL	Cancer
2015/4/21	ROS1-positive non-small cell lung cancer (NSCLC)	Cancer
2015/4/9	Peanut allergy in children	Other
2015/4/8	Chronic hepatitis C genotype 4	Infectious Disease
2015/4/8	Chronic hepatitis C genotype 1 in patients with end stage renal disease on hemodialysis	Infectious Disease
2015/4/6	Ovarian cancer	Cancer
2015/3/2	EBV-associated lymphoproliferative disease	Cancer
2015/2/27	HIV	Infectious Disease
2015/2/23	Glioblastoma (GBM)	Cancer
2015/2/2	Beta-thalassemia	Rare Inherited Disorder
2015/2/1	Non-small cell lung cancer	Cancer
2015/1/29	Nonalcoholic steatohepatitis (NASH)	Other
2014/12/15	Diabetic retinopathy	Other
2014/12/2	Systemic light-chain (AL) amyloidosis	Other
2014/11/24	ALL	Cancer
2014/11/20	Atopic Dermatitis	Other
2014/11/6	Inherited retinal dystrophy (IRD)	Rare Inherited Disorder
2014/10/30	Tardive dyskinesia	Other
2014/10/27	NSCLC	Cancer
2014/10/2	ALK-positive NSCLC	Cancer
2014/9/26	Melanoma	Cancer
2014/9/16	Diabetic macular edema (DME)	Other
2014/9/2	Parkinson's disease psychosis	Other
2014/7/21	Pancreatic cancer	Cancer
2014/7/17	idiopathic pulmonary fibrosis (IPF)	Other

よくわかる医薬品株

表4-4 FDAのブレークスルーセラピー指定品目（続き）

		Agent (Trade Name)	Sponsor	Date of BT Designation Disclosure
A		Nintedanib (Ofev)	Boehringer Ingelheim	2014/7/16
		CTL019	Novartis	2014/7/7
A		Blinatumomab (Blincyto)	Amgen	2014/7/1
A		Idarucizumab	Boehringer Ingelheim	2014/6/26
		Arikayce	Insmed	2014/6/17
		Atezolizumab (MPDL3280A)	Roche	2014/5/31
A		Elotuzumab	BMS	2014/5/19
		Rociletinib (CO-1686)	Clovis Oncology	2014/5/19
	※	Nivolumab (Opdivo)	BMS	2014/5/14
A		Tagrisso (Osimertinib)	AstraZeneca	2014/4/24
		MYDICAR	Celladon	2014/4/10
A		Bexsero	Novartis	2014/4/7
A		Trumenba	Pfizer	2014/3/20
	R	Daclatasvir/asunaprevir combination	BMS	2014/2/24
A		Eltrombopag (Promacta)	GlaxoSmithKline	2014/2/3
A		Orkambi (lumacaftor)/Kalydeco combination	Vertex	2014/1/29
		Esketamine	J&J	2014/1/21
		Dabrafenib	GlaxoSmithKline	2014/1/13
		Tafenoquine	GlaxoSmithKline	2013/12/20
		Andexanet alfa (PRT4445)	Portola	2013/11/25
A		Idelalisib (Zydelig)	Gilead	2013/11/18
A		Sofosbuvir (Sovaldi)	Gilead	2013/10/25
		cPMP (ALXN1011)	Alexion	2013/10/24
	R	Grazoprevir/Elbasvir	Merck	2013/10/22
A	※	Alecensa (Alectinib)	Genentech/Roche	2013/9/23
		Volasertib	Boehringer Ingelheim	2013/9/17
A		Ofatumumab (Arzerra)	GlaxoSmithKline/Genmab	2013/9/13
		Entinostat	Syndax	2013/9/11
		Amifampridine phosphate (Firdapse)	Catalyst	2013/8/27
		BYM338 (Bimagrumab)	Novartis	2013/8/20
A		Sofosbuvir/ledipasvir combination (Harvoni)	Gilead	2013/7/25
		Drisapersen	GlaxoSmithKline/Prosensa	2013/6/27
		Serelaxin	Novartis	2013/6/21
A		Asfotase Alfa	Alexion	2013/5/28
A		Sebelipase Alfa (Kanuma)	Alexion	2013/5/20
A		Obinutuzumab (Gazyva)	Genentech/Roche	2013/5/15
A		ABT-450 (Viekira Pak)	AbbVie	2013/5/6
A		Daratumumab	Janssen	2013/5/1
		SD101	Scioderm	2013/4/29
		Daclatasvir	BMS	2013/4/25
A		Pembrolizumab (Keytruda)	Merck	2013/4/24
A		Palbociclib (Ibrance)	Pfizer	2013/4/10
A		Ibrutinib (Imbruvica)	J&J/Pharmacyclics	2013/4/8
A		Ceritinib (Zykadia)	Novartis	2013/3/15
A		Ibrutinib (Imbruvica)	J&J/Pharmacyclics	2013/2/12
A		Ibrutinib (Imbruvica)	J&J/Pharmacyclics	2013/2/12
		Ivacaftor (Kalydeco)	Vertex	2013/1/6
A		Ivacaftor (Kalydeco)	Vertex	2013/1/6

出所：FDA、Friends of Cancer Research
注：※は日本企業が関係する新薬，AはFDA認可済み，RはBreakthrough Therapy指定が解除されたもの

90

第4章　米国の医薬品市場と欧州医薬品企業

Date of BT Designation Disclosure	Indication	Category
2014/7/16	Idiopathic pulmonary fibrosis (IPF)	Other
2014/7/7	ALL	Cancer
2014/7/1	ALL	Cancer
2014/6/26	Antidote for Praxada, an anticoagulant	Other
2014/6/17	Nontuberculous mycobacterial lung disease	Infectious Disease
2014/5/31	Metastatic urothelial bladder cancer	Cancer
2014/5/19	Multiple myeloma	Cancer
2014/5/19	NSCLC	Cancer
2014/5/14	Hodgkin lymphoma	Cancer
2014/4/24	NSCLC	Cancer
2014/4/10	Heart failure	Cardiovascular
2014/4/7	Meningitis B vaccine	Infectious Disease
2014/3/20	Meningitis B vaccine	Infectious Disease
2014/2/24	Hepatitis C	Infectious Disease
2014/2/3	Severe aplastic anaemia (SAA)	Other
2014/1/29	Cystic Fibrosis w/ F508del mutation	Rare Inherited Disorder
2014/1/21	Treatment resistant depression	Other
2014/1/13	NSCLC w/ BRAF mutation	Cancer
2013/12/20	Plasmodium vivax malaria	Infectious Disease
2013/11/25	Factor Xa inhibitor antidote	Cardiovascular
2013/11/18	CLL	Cancer
2013/10/25	Hepatitis C	Infectious Disease
2013/10/24	Molybdenum cofactor deficiency (MoCD) type A	Rare Inherited Disorder
2013/10/22	Hepatitis C	Infectious Disease
2013/9/23	ALK-positive NSCLC monotherapy	Cancer
2013/9/17	AML combination therapy	Cancer
2013/9/13	First-line CLL combination therapy	Cancer
2013/9/11	ER-positive metastatic breast cancer combination	Cancer
2013/8/27	Lambert–Eaton myasthenic syndrome	Other
2013/8/20	Sporadic inclusion body myositis (sIBM)	Other
2013/7/25	Hepatitis C	Infectious Disease
2013/6/27	Duchenne muscular dystrophy (DMD)	Rare Inherited Disorder
2013/6/21	Acute heart failure	Cardiovascular
2013/5/28	Hypophosphatasia	Rare Inherited Disorder
2013/5/20	LAL deficiency	Rare Inherited Disorder
2013/5/15	CLL	Cancer
2013/5/6	Hepatitis C	Infectious Disease
2013/5/1	Multiple myeloma	Cancer
2013/4/29	Epidermolysis bullosa	Other
2013/4/25	Hepatitis C combination therapy	Infectious Disease
2013/4/24	Melanoma	Cancer
2013/4/10	ER+, HER2- breast cancer	Cancer
2013/4/8	CLL monotherapy	Cancer
2013/3/15	NSCLC	Cancer
2013/2/12	Mantle cell lymphoma	Cancer
2013/2/12	Waldenstrom's macroglobulinemia (WM)	Cancer
2013/1/6	CF combination therapy	Rare Inherited Disorder
2013/1/6	CF monotherapy	Rare Inherited Disorder

よくわかる医薬品株

は残すというのが欧州の伝統と強さです。現在の欧州医薬品業界は主要国に1社または2社のメガファーマが存在し、米国のメガファーマに肩を並べてわたりあえる競争力と規模を兼ね備えています。

欧州医薬品の市場環境は厳しい

ところで欧州の医薬品業界が再編へ向かった要因として、医療財政の引き締めによる国内医薬品市場の環境悪化があります。欧州では国民皆保険を基盤にした社会保障型の医療サービス供給が中心です。「ゆりかごから墓場まで」といわれた手厚い保証です。ところが1970年代からの長期にわたる経済の低迷と財政悪化によって医療費は切り詰められ、1980年代に入ると欧州各国では、医薬品価格の統制や薬剤費の圧縮といった規制が導入されました。ジェネリックの使用促進が始まるのは1990年代に入ってからです。

もともと規模が小さかった国内の医薬品市場の成長にさらにブレーキがかかり、その結果として欧州の医薬品企業は米国市場への進出を加速させたわけです。ただしその代償として欧州内での医薬品産業の基盤沈下が指摘されました。すなわち国内市場だけでは新薬の研究開発投資を回収しきれないため、研究開発体制を縮小したり、研究開発そのものを国外へ移転する動きが止まりませんでした。こうした紆余曲折を経て欧州の医薬品産業はグローバルで存在感を高めることに成功したわけです。

92

第5章

医薬品業界の注目点

第5章　医薬品業界の注目点

ここでは医薬品業界の短期と中長期の二つの視点から注目点を
みてみましょう。

1. 2015年を鑑みて短期的な注目点

・各社の事業再構築、事業ポートフォリオ見直しの加速
・各社ごとの4月の薬価改定の影響度合いと2016年度業績予
　想の収益水準
・消費増税（8％→10％）に伴う2017年4月の薬価改定の影
　響度
・がん、アルツハイマーなどのアンメットニーズ領域での新薬
　開発の成否
・再生医療や細胞医薬品などの最先端医療分野への展開
・ジェネリック数量シェアの上昇と長期収載品の売り上げ減少
　の度合い

(1) 2015年の出来事

2015年は薬価改定の谷間の年でした。都市伝説というわけで
はありませんが、薬価改定がない年は合併や買収などの企業活動
が活発になる傾向があるようです。2015年は前半は静寂でした
が、年後半になると状況は一気に流動化してきました。エーザイ
と味の素がEAファーマの設立へ動いたのに続いて、武田薬品工
業と世界最大のジェネリック企業テバ（イスラエルのペタハ・ティ
クバ）と国内で長期収載品とジェネリックを統合する合弁会社を
設立することで合意しました。アステラス製薬も眼科再生医療へ
の足掛かりとして米オカタの買収に踏み切りました。エーザイは

95

よくわかる医薬品株

その後も診断薬や食品・化学関連の子会社の売却を相次いで発表しています。こうした企業活動に対する株式市場の反応はおおむね良好でした。

　株式市場（株価）は実体経済の鏡といわれます。では医薬品企業は株式市場で正当に評価されているのでしょうか。例えば2014年に国内外で承認・発売された免疫チェックポイント阻害剤／PD-1阻害薬『オプジーボ』のインパクトが強烈であったため、2015年に承認・発売された新薬の印象は薄くなってしまいました。また武田薬品工業の多発性骨髄腫治療薬『ニンラロ』は初の経口プロテアーム阻害薬として、米国でPDUFAよりも約4ヵ月早く承認されるなどもっと評価されるべきかもしれません。

　こうしたなか2015年の株式市場における医薬品企業の株価パフォーマンスは明暗を分けました。先行組は小野薬品工業、中外製薬、塩野義製薬、出遅れ組は武田薬品工業、アステラス製薬、大塚ホールディングスとなります。このほかには米バイオジェン・アイデック・インクとのアルツハイマー型認知症治療薬開発の協業で注目されたエーザイ、再生医療への取り組みが注目された大日本住友製薬、印ランバクシー・ラボラトリーズ問題を処理した第一三共、自社開発の抗体医薬『ポテリジオ』とがん免疫療法剤との併用試験に着手した協和発酵キリン、などが株式市場での評価を高めました。先行組の小野薬品工業はオプジーボ、中外製薬は血友病A治療薬『ACE910』と抗体改変技術、塩野義製薬は抗HIV薬『テビケイ／トリーメク』の製品化によって業容／業績の拡大が期待できます。出遅れ組となった武田薬品工業とアステラス製薬は主力製品の特許切れ問題を抱えています。武田薬品工業は2017年11月に多発性骨髄腫治療薬『ベルケイド』、アステラ

第5章　医薬品業界の注目点

ス製薬は2019年5月以降に、過活動膀胱治療薬『ベシケア』と非小細胞肺がん治療薬『タルセバ』の米国での独占販売期間が完了し、ジェネリックの参入が予想されます。とくにアステラス製薬は前立腺がん治療薬『イクスタンジ』の大型化により足元の業績は好調であるにもかかわらず株価は、先に述べたとおりバリュートラップにはまり低迷しています。

　こうしたなか2015年12月末に2016年度の薬価制度改定の案がまとまりました。

(2) 2016年度薬価改定

　2016年4月からの制度改定の骨子は**表5-1**（P98～99）に示した通りです。

　ただこれだけ読んでも意味不明瞭な部分が多いので、骨子のなかで今回特に注目された変更点について解説します。

　まず今回の薬価改定は2015年9月時点での薬価本調査による、薬価と実勢取引額との平均乖離率は8.8％をベースにして始まりました。乖離率8.8％はやや想定を上回る結果でした。現時点で薬価引き下げは金額にして7,100億円強、約7.8％の引き下げになります。前回2014年4月の5.64％（消費増税分を除く）から約2ポイント以上拡大することになります。薬価改定は織り込み済みとはいえ、引き下げは収益を直撃するということで薬価本調査の発表があった2015年12月4日の医薬品株は軒並み下落しました。

　薬価の引き下げは厳しいですが、その他の制度面の変更ではそれなりに実りがありました。まずは医薬品業界の懸案事項であった新薬創出加算の試行的継続はすんなりと決まりました。また業界が求めてきた基礎的医薬品の薬価引き下げの緩和、米国のブ

よくわかる医薬品株

表 5-1　2016 年度薬価制度改革の骨子

■先駆け審査指定制度加算
　現行の先駆導入加算を「先駆け審査指定制度加算」とし、先駆け審査指定品目を当該加算または原価計算方式の営業利益率で評価する。
　また、加算率については「10%」を原則としつつ、充実した国内臨床試験成績に基づきわが国の医療に貢献する医薬品については、市場性加算(I)と同様に、最大で「20%」までの加算で評価できることとする。
■外国平均価格調整
　未承認薬・適応外薬問題のさらなる解消に向けて、開発要請・公募された品目のうち、下記の要件を全て満たすものについては、外国平均価格調整の対象外とする。
　(1)直近の外国での承認日が日本での承認日から 10 年より前
　(2)外国平均価格が算定薬価の 3 分の 1 未満
　ただし、承認申請に当たり製造販売業者の負担が相当程度低いと認められるものは除く。
■新規性の乏しい医薬品
　(1)現行ルールでは、類似薬の数によらず最も早く薬価収載された医薬品の収載日から 3 年以内であれば、類似薬効比較方法 (I) で算定されることになるが、先行した新薬から短期間に続発して類似薬が薬価収載されるような状況が散見されることから、類似薬効比較方式 (II) の除外規定である承認時期 (最も早く薬価収載された医薬品の収載日から 3 年以内) を撤廃する。
　(2) 次の全てに該当し、後発医薬品対策とも考えられる新薬については、ラセミ体を光学分割した場合と同様に、既収載品より低い評価 (100 分の 80 を乗じた額) とする。
　　①補正加算に該当しない
　　②製造販売業者、主たる効能および効果、薬理作用、投与形態および臨床上の位置付けが同一とみなせる既収載品がある。
　　③上記既収載品の収載後 5 年以降に薬価収載されるもの
　　　ただし、後発品対策といえるかについては、開発の経緯や治験デザイン等も確認した上で、総合的に判断する。
■新医療用配合剤
　配合剤の算定において、臨床上併用されない単剤を組み合わせて比較薬とする場合は、それぞれの単剤の 1 日薬価を足し合わせた額を当該配合剤の 1 日薬価の上限とする (抗 HIV 薬を除く)。
■新規後発医薬品
　現行ルールでは、新規後発品の薬価は「先発品の 100 分の 60 を乗じた額 (内用薬については、銘柄数が 10 を超える場合は 100 分の 50 を乗じた額)」とすることとされているが、「先発品の 100 分の 50 を乗じた額 (内用薬については、銘柄数が 10 を超える場合は 100 分の 40 を乗じた額)」とする。なお、バイオ後続品については従前どおりとする。
　併せて、既に価格帯が形成されている成分に遅れて後発品が収載される場合は、原則として最低の価格帯に合わせることとし、改定後に価格帯が増えない制度にする。
■後発医薬品
　現行ルールでは、組成、剤形区分および規格が同一である全ての既収載品群を以下のとおり、薬価算定することとしている。
　(1)最高価格の 30% を下回る算定額となる既収載品については、該当する全ての品目について加重平均した算定額 (統一名) とする。
　(2)最高価格の 30% 以上、50% を下回る算定額となる既収載後発品については、該当する全ての品目について加重平均した算定額 (銘柄別) とする。
　(3)最高価格の 50% の額以上の算定額となる既収載後発品については、該当する全ての品目について加重平均した算定額 (銘柄別) とする。
　16 年度薬価制度改革においては、現行の最高価格 (主として長期収載品) を基準とした 3 価格帯を維持することとするが、改定後の価格帯の状況を踏まえ、さらなる価格帯の集約について検討する。

第5章　医薬品業界の注目点

表5-1　2016年度薬価制度改革の骨子（続き）

■長期収載品

　一定期間を経ても後発品への適切な置き換えが図られていない場合の「特例的な引き下げ」（Z2）の対象となる後発品の置き換え率について、新たな数量シェア目標を踏まえ、「20%未満」「20%以上40%未満」「40%以上60%未満」の3区分をそれぞれ、「30%未満」「30%以上50%未満」「50%以上70%未満」と引き上げる。

■基礎的医薬品

　基礎的医薬品については、現行の不採算品再算定、最低薬価になる前の薬価を下支えする制度として位置付け、16年度薬価制度改革においては試行的な取り組みとして、下記の要件を全て満たす医薬品を対象とし、最も販売額が大きい銘柄に価格を集約してその薬価を維持することとする。

　(1)収載から25年以上経過し、かつ成分全体および銘柄の乖離率が全ての既収載品の平均乖離率以下

　(2)一般的なガイドラインに記載され、広く医療機関で使用されている等、汎用性のあるもの

　(3)過去の不採算品再算定品目、ならびに古くから医療の基盤となっている病原生物に対する医薬品および医療用麻薬

　なお、基礎的医薬品の制度によらず十分な収益性が見込まれる品目は対象外とするとともに、基礎的医薬品として薬価が維持されている間は継続的な安定供給を求めることとする。

■新薬創出・適応外薬解消等促進加算

　成長戦略に資する創薬に係るイノベーションの推進が掲げられ、また、国内の未承認薬・適応外薬についても新たな要望が募集されている現状を踏まえ、新薬創出・適応外薬解消等促進加算の試行を継続する。

　なお、16年度薬価制度改革後も引き続き未承認薬・適応外薬の開発の進捗を確認することに加え、新薬創出のための研究開発の具体的成果についても確認し、制度の在り方について検討する。

■市場拡大再算定

　以下のいずれかの要件を満たす品目に対しては、イノベーションの評価と国民皆保険の維持を両立する観点から、特例的に市場拡大再算定（特例再算定）の対象とし、それぞれの基準倍率に応じた算定式にする。

　（X：市場規模拡大率、α：補正加算率）

　(1)年間販売額が1000億円を超え1500億円以下、かつ予想販売額の1.5倍以上の場合

　　改定後薬価＝改定前薬価 × {(0.9) logX/log1.5＋α}

　(2)年間販売額が1500億円を超え、かつ予想販売額の1.3倍以上の場合

　　改定後薬価＝改定前薬価 × {(0.9) logX/log1.3＋α}

　その際、再算定による価格の引き下げの率の限度については、(1) の場合は現行と同じ水準（最大25%）、(2) の場合は最大50%とする。

　なお、特例再算定の類似品は特例対象品を根拠に算定された品目に限ることとするが、特例再算定の在り方については、上記の観点から、16年度薬価制度改革後も引き続き検討する。

出所：日刊薬業

レークスルー・セラピー制度に類似する先駆け加算については、先駆け審査指定制度加算へ格上げ、などが決まりました。一方で大型医薬品の薬価を一定基準のもとで大幅に引き下げる特例再算定の導入は、従来の市場拡大算定ルールをさらに厳しくするもので、医薬品業界はイノベーションの評価に逆行すると強く反発しています。このほかには新規に収載されるジェネリックの薬価を

よくわかる医薬品株

先発品の従来6掛けから5掛けとすることも決まりました。

2016年度の薬価改定を総括すると医薬品業界にとっては特例再算定を除けば及第点といえそうです。特例再算定は企業収益を直撃するもので、業界にとっては受け入れがたいルール変更です。しかし緊縮財政が続くなかで国民皆保険制度を維持していくためには仕方ないのかもしれません。これからも薬価を財源とする動きは強まるでしょう。

①特例再算定

　　特例再算定は薬価改定に際して年間売上高が「1,000億円超1,500億円以下でピーク時予想の1.5倍以上」と「1,500億円超で同1.3倍以上」に達した製品の薬価を前者は25%、後者は50%引き下げるという新たなルールです。これまでは市場拡大再算定として「当初予想された売上規模の2倍以上の売り上げ、かつ売り上げ規模が150億円を超えた場合」を対象に最大25%の引き下げがありました。2014年度改定では糖尿病治療薬『グラクティブ』(小野薬品工業)、『ネシーナ』(武田薬品工業)などのDPP4阻害薬と、関節リウマチ治療薬『ヒュミラ』(米アッヴィ)、『シンポニー』(ヤンセンファーマ)などが市場拡大再算定の対象医薬品になりました。再算定では当該製品だけでなく類似品の薬価も同時に引き下げられることを「道連れ」と呼んでいます。

②C型肝炎治療薬『ソバルディ』と『ハーボニー』

　　2015年に発売された新薬のなかで発売即大型化したのはソバルディとハーボニーです。両剤はこれまでインターフェロン製剤を使ってきたC型肝炎の治療を、インター

100

フェロン抜きで寛解させる画期的な治療薬として、米ギリアド・サイエンシズから 2015 年 5 月にソバルディ、同年 9 月にハーボニーが発売されました。発売直後から患者が殺到し高薬価がついたこともあり売り上げは急拡大し、先行したソバルディは短期間で 1,000 億円を突破しました。今回の特例再算定制度の導入は、ソバルディとハーボニーが引き金になったという見方が強いです。ソバルディの 1 日薬価は 61,799 円で 12 週間投与、ピーク時の年商予想は発売 2 年目の 2016 年度に 987 億円と予測されていましたが、発売 1 年未満でこの枠を超えてしまうことになりました。

③基礎的医薬品

　　基礎的医薬品は読んで字のごとくですが、薬価収載から 25 〜 30 年以上経過しているにもかかわらず、医療現場で標準薬として汎用され、有効性・安全性プロファイルが確立している医薬品のことです。臨床上不可欠とされるが薬価改定のたびに薬価が引き下げられた結果、長期間臨床現場にある医薬品にもかかわらず、不採算に陥るケースを避けるために薬価を維持することになりました。基礎的医薬品の範囲には抗結核薬『ストレプトマイシン』や麻酔薬の『モルヒネ』、古い抗生物質や中枢系医療用医薬品、抗がん剤などが含まれます。業界としては安定供給が責務とされる古い製品や不採算製品の負担軽減につながります。

④先駆け審査制度加算

　　厚生労働省は 2015 年 10 月 27 日、画期的な医薬品などを世界に先駆けて実用化するために、承認までの審査期間を大幅に短縮する「先駆け審査指定制度」の対象に 6 品目

よくわかる医薬品株

を指定したと発表しました。同制度は2015年度より施行されたものです。厚生労働省が2015年5月に制度の対象となる医薬品を公募し、予備審査を経て同年8月までに約50品目の申請があったようです。指定された医薬品の開発に当たっては、医薬品医療機器総合機構（PMDA）が安全性の試験や承認申請の手続きを助言するため、承認までの審査期間が通常の12ヵ月前後から半分の6ヵ月に短縮される公算が高いとされていました。同制度が「先駆け審査制度加算」へ格上げされたことで、指定された新薬は必要性のある画期的新薬として画期性加算の対象となります。指定された新薬は以下の6品目です。今後はどのタイミングで次の新薬候補が指定されるか関心が高まっています。

●先駆け指定6品目
・ノーベルファーマ：『シロリムス（NPC-12G）』、結節性硬化症に伴う血管線維腫－フェーズⅠ／Ⅱ
・日本新薬：『NS-065／NCNP-01』、デュシェンヌ型筋ジストロフィー（DMD）－フェーズⅡ準備中
・塩野義製薬：『S-033188』、A型またはB型インフルエンザウイルス感染症－フェーズⅠ
・Integrated Development Associates（M3の子会社）：『BCX7353』、遺伝性血管浮腫（HAE）の患者を対象とした血管性浮腫の発作の管理－フェーズⅠ
・アステラス製薬：『ASP2215』、初回再発または治療抵抗性のFLT3遺伝子変異陽性急性骨髄性白血病－フェーズⅢ

第5章　医薬品業界の注目点

・MSD：『ペムブロリズマブ』（遺伝子組み換え）』、治癒
切除不能な進行・再発の胃がん－フェーズⅡ

2.　制度改定リスクへの対応策は自助努力

　薬価改定を目前に控えた時期は、我々のような市場関係者は常に制度リスクを意識します。大型品に対する市場拡大再算定や新薬創出加算の試行的継続などの議論に加えて、今回は2014年から3回連続の薬価改定と、特例再算定に対して巨額再算定という新しい造語が生まれました。これらは制度リスクであり、株式市場はこうしたリスクに身構えることになります。薬価改定や再算定は業績の悪化をもたらします。今回の特例再算定はルール変更による予見不可能なリスクでしたが、予見可能なリスクもあります。2年に1回の頻度で一定のルールで実施される薬価改定は安定的な制度です。

　薬価改定とは別に、厚生労働省は2020年度までにジェネリックの数量シェアを足元の約56.2％（2015年9月の薬価調査に基づく集計速報値）から2020年度に80％へ引き上げる方針です。これは政府目標といってよいでしょう。したがって従来に増して長期収載品のウエイトが高い企業は収益が厳しくなります。さらに今回はこれまでの新薬創出加算の対象となった製品のうち発売後15年経過、またはジェネリックが参入した製品は、新薬創出加算で維持された薬価分を下げられるケースが出てきます。現在までに特例再算定の対象になるものとして、ギリアド・サイエンシズのC型肝炎治療薬ソバルディと中外製薬の抗がん剤『アバスチン』が筆頭候補となっています。一方バイオシミラーが発売

103

よくわかる医薬品株

された田辺三菱製薬の抗TNF抗体の『レミケード』は、新薬創出加算分の引き下げを受けることになります。また2017年については消費増税が実施された場合という条件のもとで薬価改定が実施されます。増税分2%の攻防となりますが、薬価調査を踏まえての全面改定となる可能性があります。特例再算定や新薬創出加算から外れる製品の薬価引き下げが、同時に行われるかどうかは定かではありません。医薬品業界にとってはなるべく負担の少ない方法で済ませたいところですが、前例を踏襲するのであれば全面的な改定となる可能性が高そうです。さらに2018年4月の通常の薬価改定を経て2019年から頻回改訂へ移行するというのは、業界にとって最も避けたいシナリオになります。

3. 新たな収益モデルを構築する動きが浮上

国内の大手医薬品企業は、これまで収益源となってきた米国の医薬品市場での特許切れリスクに直面しています。米国では高価格の医薬品への批判が高まっていて、大統領選挙が実施される2016年は、医薬品やヘルスケアは政策の具となりやすい状況にあります。これまで成功モデルとされてきた米国で自社のインフラを築き、開発から販売までを手掛ける一気通貫型のモデルを見直す動きが出ています。特許切れに直面した武田薬品工業とエーザイは米国事業を圧縮し人員削減も実施しました。第一三共も人員削減によって米国事業を縮小する方針です。各社とも米国での主力製品の特許切れによって事業の縮小、再編を余儀なくされた格好です。一方の田辺三菱製薬は、中期経営計画で向こう5年間に米国へ2,000億円を投資し、800億円程度の売り上げを確保す

る目標を掲げ、企業買収によりインフラを築く方針です。いずれにしても新製品の上市を待ち、米国事業を強化できるかどうかが課題です。

「第5章 (1) 2015年の出来事」で言及したように国内ではエーザイと味の素がEAファーマを設立、武田薬品工業とテバは合弁企業を設立し長期収載品とジェネリックを移管する方針を発表しました。武田薬品工業は海外でも呼吸器系の製品ポートフォリオを英アストラ・ゼネカへ売却する方針で、オンコロジー（腫瘍学）などのコア事業へ経営資源を集中します。エーザイは同社の起源ともいえる消化器事業をEAファーマへ移管します。また診断薬子会社の譲渡なども行い戦略的なオプションの実行により、バランスシートの効率化を進めることを公言しています。もちろん長期収載品が売り上げの大半を占めるとみられるEAファーマが生き残るためには、大幅なコスト削減は避けて通れないでしょう。武田薬品工業にとっても長期収載品を切り離したうえで、本体の新薬ビジネスでどこまで収益を改善できるかが課題であることに変わりはありません。ただしこれまで捨てることが出来ずに続けてきたノンコアとされる事業や製品ポートフォリオを整理し、経営資源をコア事業へ投下するという動きは歓迎されます。2016年はこうした動きがさらに活発化するかどうか注目しています。

4. 中期的な注目点

医薬品業界が直面する構造的な課題を克服することが中期的な注目点です。

よくわかる医薬品株

（1）後発品の使用促進とオーソライズドジェネリック／バイオシミラーの動向

　過去10年以上にわたって厚生労働省はジェネリックの使用促進策を推し進めてきました。その背景には医療費の増加を抑えたい財務省の意向があることは間違いないでしょう。使用促進策を推進するために、厚生労働省はジェネリックメーカーに対して「安定供給」、「品質確保」、「情報提供」を強く求めてきました。その結果、いまだに大規模なジェネリック業界再編は起きていないものの、体力のある上場大手ジェネリックメーカーの優位性が確実に高まっています。

表5−2　ジェネリックの使用促進策

2002年	・診療報酬および調剤報酬で、医師のジェネリック処方や薬局のジェネリック調剤を評価
2005年	・新たに承認申請するジェネリックの名前を「一般名＋剤形＋含量＋会社名」とするよう指導
2006年	・処方箋様式を変更し、医師による「変更可」欄の署名を条件に薬局が先発品をジェネリックへ替えることを可能に
	・先発品にある医療上必要な含量の違いの全規格品（同一剤形区分内）の取り揃えをジェネリックメーカーに指導
2007年	・政府が「経済財政改革の基本方針2007」で、2012年度までにジェネリックの数量シェアを30％以上にすることを決定
	・「後発医薬品の安心使用促進アクションプログラム」を策定
	・薬価への収載を年1回から年2回に増やす
2008年	・処方箋様式を再変更し、医師が「変更不可」欄に署名しない限り薬局が先発品をジェネリックに替えることなどを可能に
	・医師のジェネリック処方に対する診療報酬上の評価を廃止
	・保険薬剤師に患者に対するジェネリックの説明義務や調剤の努力義務を課し、ジェネリック調剤率が処方箋枚数ベースで30％以上の薬局に対する加算（後発医薬品調剤体制加算4点(40円)）を調剤報酬に新設
2010年	・後発医薬品調剤体制加算の算定要件を変更。ジェネリック調剤率が数量ベースで20％以上の薬局に6点、25％以上の薬局に13点、30％以上の薬局に17点の加算に
2012年	・後発医薬品調剤体制加算の算定要件を変更。ジェネリック調剤率が数量ベースで22％以上の薬局に5点、30％以上の薬局に15点、35％以上の薬局に19点の加算に。薬剤服用歴管理指導料への一本化41点、一般名処方加算に2点の導入
2014年	・発医薬品調剤体制加算の算定用件を変更。ジェネリック調剤率が数量ベースで55％以上の薬局に18点、65％以上の薬局に22点を加算する。後発医薬品の数量ベースの定義を「後発医薬品／（後発医薬品のある先発品＋後発医薬品）」一般名処方が行われた医薬品については、原則として後発医薬品が使用されるよう、患者に対し後発医薬品の有効性、安全性や品質について懇切丁寧に説明をし、後発医薬品を選択するよう努める旨を規定する。後発医薬品を調剤しなかった場合は、その理由を調剤報酬明細書の摘要欄に記載する。

出所：日本経済新聞等各種資料、クレディ・スイス

106

第5章 医薬品業界の注目点

　厚生労働省は2013年4月に「後発品のさらなる使用促進のためのロードマップ」を策定し、そのなかで「2018年3月までに後発品医薬品の数量シェアを60％以上にする」という目標を掲げた。現在この目標達成へ向けてジェネリックのシェアは順調に伸びており、目標値の前倒し達成の可能性も出てきました。

図5-1　後発医薬品の数量シェアの推移と目標

(%)

年月	シェア
2005/9	32.5
2007/9	34.9
2009/9	35.8
2011/9	39.9
2013/9	46.9
2015/9（速報値）	約56.2
2017/6末	70.0（2017年央に70以上達成）
2018/4	—
2020年度末	80.0

出所：厚生労働省
Copyright 2015 IMS Health, MIDAS, Market Segmentation, MAT Sep 2013, RX only (PRESCRIPTION BOUND),
Copyright 2015 IMS Health, MIDAS, Market Segmentation, MAT Sep 2014, RX only (PRESCRIPTION BOUND) 無断転載禁止

図5-2　各国の後発医薬品のシェア（数量ベース，年平均値，％）

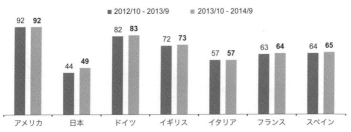

■ 2012/10 - 2013/9　■ 2013/10 - 2014/9

国	2012/10-2013/9	2013/10-2014/9
アメリカ	92	92
日本	44	49
ドイツ	82	83
イギリス	72	73
イタリア	57	57
フランス	63	64
スペイン	64	65

出所：厚生労働省
Copyright 2015 IMS Health, MIDAS, Market Segmentation, MAT Sep 2013, RX only (PRESCRIPTION BOUND),
Copyright 2015 IMS Health, MIDAS, Market Segmentation, MAT Sep 2014, RX only (PRESCRIPTION BOUND) 無断転載禁止

よくわかる医薬品株

(2) ジェネリックにも逆風

これまで行政の後押しで順風満帆と思われていたジェネリックメーカーですが、逆風が吹き始めました。2014年4月の制度改定によって初収載されるジェネリック新製品の薬価が先発品の60％（初収載が10品目以上だと50％）へ引き下げられ、販売されている既収載品の薬価は3段階に集約されました。初収載品目の薬価を低くすることは言うに及ばず、収載品目が多くメーカー間や品目間でバラつきが大きかったジェネリックの薬価を、三つの価格帯へ実勢価格に応じて集約することで、ジェネリックの絞り込みを進める意図が感じられます。将来的に三つの価格帯は二つからさらに一つへと集約される可能性がありそうです。2016年4月からは初収載されるジェネリック新製品

表5-3　2015年に発売されたジェネリック主要製品

製品名	一般名	薬効分類	製造販売元	売上規模（億円）	収載時期
プラビックス錠	クロピドグレル硫酸塩	抗血小板剤	サノフィ	1,287	15/6
フリバス錠・OD錠	ナフトピジル	排尿障害改善剤	旭化成ファーマ	142	15/6
メトグルコ錠	メトホルミン塩酸塩	経口血糖降下剤	大日本住友製薬	158	15/6
アサコール錠	メサラジン	潰瘍性大腸炎治療剤	ゼリア新薬	172	15/6
フェマーラ錠	レトロゾール	閉経後乳がん治療剤	ノバルティスファーマ	153	15/6
ザイボックス錠・注射液	リネゾリド	抗菌剤	ファイザー	118	15/6
ゾシン静注用	タゾバクタムピペラシリン水和物	配合抗生物質製剤	大鵬薬品	254	15/12
エックスフォージ配合錠	バルサルタン アムロジピンベシル酸塩	降圧配合剤	ノバルティスファーマ	262	15/12
ジェイゾロフト錠	セルトラリン塩酸塩	抗うつ剤	ファイザー	227	15/12
オキサロール注	マキサカルシトール	二次性副甲状腺機能亢進症治療薬	中外製薬	122	15/12
カデュエット配合錠	アムロジピンベシル酸塩 アトルバスタチンカルシウム	降圧剤と高脂血症薬配合剤	ファイザー	119	15/12

出所：RISFAXなどをもとにクレディ・スイス作成

注：売上高は2013-2014年度実績、一部推定値

第 5 章　医薬品業界の注目点

表 5-4　2016 以降に発売予定のジェネリック主要製品

収載予定年	2016 ～	2017 ～
特許満了予定の主な先発品	ジプレキサ トラクリア ミラペックス	クレストール キプレス・シングレア オルメテック
先発品推定市場規模	約 1,200 億円	約 5,500 億円
初収載成分数	6	14

出所：沢井製薬資料などをもとにクレディ・スイス作成

の薬価は、先発品の 50％へ引き下げられます。価格帯の整理整頓が進み、安定供給、品揃えがさらに重要な選択基準となるため、選ばれるジェネリックメーカーとなることが生き残るための条件です。

(3) オーソライズドジェネリックの台頭

こうしたなかオーソライズドジェネリック（AG）がにわかに注目される存在となってきました。武田薬品工業と資本関係のあるあすか製薬は 2014 年 9 月に高血圧治療薬ブロプレスの AG を発売しました。通常のブロプレスのジェネリックが初収載、発売されたのは同年 12 月であり、AG は約 3 ヵ月先行して発売されたわけです。また 2015 年 6 月にはジェネリック候補品のなかで、最大製品であるサノフィ・ゼンティバの抗血小板剤プラブックスに関して、サノフィ・ゼンティバと資本関係がある日医工が AG クロピドグレル「SANIK」を発売しました。

先発品メーカーのお墨付きを得て他のジェネリックメーカーに先行して発売する AG については、何のメリットがあるのでしょうか。米国では First to file（FTF）と呼ばれる 180 日間の独占販売権を持つジェネリックが、他のジェネリックに先行して発売されるため、AG は FTF に対抗する措置として理にかなっています。

109

FTFがない日本では、先発品メーカーにとってAGのメリットは小さいように思われましたが、先発品と同一ということで医療現場での受け入れは良好のようです。ジェネリックメーカーにとってAGの獲得は収益の上乗せにつながりそうです。

表5-5　オーソライズドジェネリック候補品

社名	製品名	適応症	2014年度売上高（億円）	AG投入予想時期
田辺三菱製薬	タリオン	抗アレルギー剤	170	2016
杏林製薬	キプレス	抗喘息薬	412	2016
第一三共	オルメテック	降圧剤	763	2017

出所：クレディ・スイス

(4) バイオシミラーの開発が進行中

AGに加えてバイオシミラー（BS）の存在も無視できません。とくにBSの試金石として注目されるのが2014年11月に日本化薬が発売した抗体医薬抗ヒトTNFαモノクローナル抗体レミケードのBSです。レミケードは田辺三菱製薬の主力製品であり2015年3月期売上高は706億円です。レミケードの薬価は100mg1瓶89,536円、BSは59,814円と30％安い水準です。BSは製造原価が高いため、極端な価格攻勢による値引販売では採算が確保できなくなり、参入できる企業数も限られてきます。またBSに対する信頼性を高める意味からもBSの普及は極めて慎重に、かつ管理された市場になるとみられるため参入障壁は高いと考えられます。

BSは製造コストが高いことや小規模とはいえ臨床試験が必要とされることなどから、国内のジェネリックメーカーは参入に慎重です。レミケードのBSは韓国のセルとリオンが主開発

元で、日本化薬が国内向けに共同開発しました。日医工はサノフィ・ゼンティバとレミケードBSの共同開発を進めています。沢井製薬はスイスのノバルティスファーマ傘下のサンドが開発した、抗がん剤治療に伴う白血球減少症治療薬G-CSF製剤『グラン』（オリジンは協和発酵キリン）のBSの共同販売に2014年11月から乗り出したが、売り上げは小規模にとどまっている模様です。

　今後は大型の低分子先発品の特許切れが少なくなる反面、いわゆるバイオロジクスや抗体医薬の特許切れが相次ぐため、BSの

表5-6　国内のBS開発状況

	開発メーカー	開発状況
インフリキシマブ	（レミケード，リウマチ）	
	日本化薬／セルトリオン	14年11月28日発売
	日医工／サノフィ	P3 18年上市予定
	ファイザー	14年PⅢ
トラスツズマブ	（ハーセプチン，乳がん）	
	日本化薬／セルトリオン	PⅠ
	Meiji Seika ファルマ／東亞製薬	15年-20年
	日医工／サノフィ	PⅠ
	ファイザー	PⅠ 終了
エタネルセプト	（エンブレル，関節リウマチ）	
	第一三共／CB（コヒーラス・バイオサイエンシス）	16年度上市予定、現在はPⅢ
	YLバイオロジクス（陽進堂55%，印ルピン45%の合弁会社）	PⅠ
アダリムマブ	（ヒュミラ，関節リウマチ）	
	協和発酵キリン／富士フィルム	14年PⅢ開始、17年上市予定
	ファイザー	14年PⅢ
ベバシズマブ	（アバスチン，大腸がん）	
	協和発酵キリン／富士フィルム	14年臨床開始、17-18年上市予定
	ファイザー	PⅠ
リツキシマブ	（リツキサン，非ホジキンリンパ腫）	
	第一三共／CB	19年 上市予定
	サンド	19年 上市予定
	日医工／サノフィ	PⅠ計画中
	ファイザー	PⅠ 終了

出所：会社資料、クレディ・スイス、開発状況は一部推定

開発は避けて通れません。先発品メーカーも第一三共が武田薬品工業の抗リウマチ薬『エンブレル』（2015年3月期売上高412億円）、協和キリン富士フィルムバイオロジクスがエーザイのヒュミラ（同299億円）の開発を進めており、2017 ～ 2018年頃の製品化が見込まれます。中外製薬の主力抗がん剤であるアバスチン（2015年12月期売上高938億円）、『ハーセプチン』（同327億円）のBSも2017 ～ 2019年頃に製品化される可能性があります。BSの開発次第でジェネリック業界の勢力図が一気に様変わりする可能性があるといえるでしょう。

（5）長期収載品の浮沈

　2015年の負け組の代表は長期収載品といえます。長期収載品についてはこれまでに様々な解釈や注釈がついてきました。例えば「特許切れとはいえ医療関係者や患者に長きにわたり使われており、安全性も十分に確立している」、「ジェネリックを使うよりも安心であり、先発品メーカーの情報提供もある」といったセールストークも通用しました。一方で長期収載品はジェネリックよりも薬価が高く、販促費用もかからないため先発品メーカーの隠れた収益源でした。医療財政に目を光らす財務省にとっては狙い目でした。

　病院サイドからみると定額性のDiagnosis Procedure Conbination（DPC：包括医療費支払い制度）では薬剤費はコストになります。2014年にこの長期収載品の売り上げがほぼ全面的に落ち込み、一転して先発品メーカーの業績悪化の要因となりました。ジェネリックへの切り替えが進んだことが背景です。その理由として新薬創出加算を取りたい先発品メーカーは、医薬品卸との取引で新

第5章　医薬品業界の注目点

薬創出加算の対象となる製品の価格を維持する一方、長期収載品の価格を下げて医薬品卸を支える必要があったのです。さらに想定を上回るインパクトがあったのはDPC対象病院で導入された後発医薬品指数です。計算には複数の変数があり外部には分りづらいですが、要するにDPC対象病院でジェネリックの使用割合が「後発品のさらなる使用促進のためのロードマップ」で掲げた

表5-7　薬価改定の影響

社名	2014年度改定			2016年度改定	
	引下げ率		長期収載品比率	引下げ率	長期収載品比率
	消費税込み	消費税抜き			
協和発酵	2.9%	6.1%	41% （13年度計画）	約5%	約30%台半ば
武田薬	2%台半ば	5%弱 （推定）	40%台半ば （14年度計画）	4%台前半	約45% （自社品のみ）
アステラス	3%程度	5%台後半	約40% （13年度計画）	5%台後半 （ワクチンを除く）	約30%台半ば
大日本住友	3%弱	5%台半ば	50%程度 （2013.1-12月 実績）	5%台半ば （影響額約80億円）	40%台半ば
塩野義	2%台前半	5%弱 （推定）	20%台後半 （2013.1-12月 実績）	5%後半	約20%台前半
田辺三菱	約6%	約9%	約30% （13年度計画）	約6%	約60%
中外薬	＋0.8%	2%弱	約10% （14年度計画）	5.5%	10%
エーザイ	3%台後半	6%台前半	40%台後半、 リリカを除くと 50%台後半	7%台後半 （リリカを除くと約6%）	約30%台半ば
小野薬	4%弱	6%台半ば	50%弱	5%台前半	30%台後半
参天薬	1%台後半	4%台後半	約40% （13年度計画）	7%前半 （アイリーアを除くと4%半ば）	約30%台半ば
ツムラ	0%	約3%	na	3%前半	na
沢井薬	11.34% （加重平均）	13.79% （加重平均）	na	12.9%	na
第一三共	3%台	6%台	20%台後半 （14年度推定）	リクシアナを除き6%台 （金額的には全体で約300億円）	約20%台前半
大正薬	約1%	約4%	約40% （13年度計画）	9%台	60%台
大塚	na	na	na	8.4%	約17%
（大塚製薬）	1.4%	4%台	na	8%台	na
（大鵬薬品）	4%台	約7%	na	7%台	na
業界平均	2.7%	5.7%		7%台	

出所：各社IRへの聞き取りにもとづき、クレディ・スイス作成

113

よくわかる医薬品株

60％以上に達していない場合、そのDPC病院の評価が低くなる仕組みです。評価が低くなった医療機関は、翌年の点数（診療報酬）が減ることになります。経営が厳しい医療機関にとっては死活問題となり、ジェネリックへの切り替えを進めることで、一定水準の点数を獲得するために一気呵成にジェネリックの採用に踏み切ったようです。こうした状況を踏まえると医療機関において、一旦ジェネリックへ切り替わった長期収載品が再度使われる可能性はほぼゼロです。長期収載品をジェネリックへ切り替える動きは強まる一方でしょう。

(6) 2010年から2019年問題へ

前門の虎、後門の狼。先発品にとってジェネリックや長期収載品が前門の虎であるならば、後門の狼は2019年問題です。2019年までに米国などで各社主力製品の特許切れが相次ぎます。以前に2010年問題が取り沙汰されたことがあります。欧米で業績を順調に伸ばしていた武田薬品工業やアステラス製薬、エーザイなどの主力製品の特許が切れることで収益悪化が懸念されました。主力製品のライフサイクル・マネジメントなどで様々な対策が講じられましたが、結局のところ2010年問題を克服することは出来なかったというのが結論です。

2019年問題は2010年問題よりも深刻かもしれません。2010年当時の大手医薬品企業は欧米で主力製品が開花し、高収益を上げていました。2010年問題を前にして中期経営計画などで株主還元の拡充を掲げたり、海外で大型企業買収に打って出る余裕がありました。国内ではジェネリックの攻勢も今ほどではなく、長期収載品の依存度が高かった準大手・中堅の先発品メーカーも時間

第 5 章　医薬品業界の注目点

を稼ぐことができたのです。

　翻って現状は 2010 年問題の後遺症に悩むエーザイ、海外で大型企業買収に踏み切った武田薬品工業はスイスのナイコメッドの統合に時間がかかり、同じく第一三共はランバクシー・ラボラトリーズの処理に苦しみました。さらに追い打ちとなるのが 2015 年前半に武田薬品工業が米国で販売している痛風治療薬『コルクリス』（2015 年 3 月期売上高 588 億円）に対して想定外のジェネリック参入、第一三共は 2016 年に米国で高血圧治療薬『ベニカー』の特許切れの前後に糖尿病治療薬『ウェルコール』、抗血小板剤『エフィエント』の特許切れに直面します。大塚ホールディングスは単品売上高で米国第 2 位の抗精神病薬『エビリファイ』の特許が 2015 年 4 月に満了しました。現在もエビリファイのジェネリッ

表 5-8　米国向け主要製品の売上高と独占販売期間の終了

社名	製品 （米国名）	主な適応症	米国売上高（億円）								米国での独占販 売期間の終了
			07年度	08年度	09年度	10年度	11年度	12年度	13年度	14年度	
武田薬品工業	タケプロン （プレバシド）	消化性潰瘍	2,574	1,731	1,190	428	243	245	297	160	2009年11月
武田薬品工業	アクトス	糖尿病	3,186	3,017	2,974	3,062	2,445	909	71	90	2012年8月
武田薬品工業	ブロプレス （アタカンド）	高血圧	860	925	858	800	737	356	293	230	2012年6月
武田薬品工業	ベルケイド	多発性骨髄腫	-	377	462	508	581	729	1,313	1,410	2017年11月
武田薬品工業	コルクリス	痛風	-	-	-	-	-	336	519	100	2015年1月
アステラス	プログラフ	免疫抑制	972	888	681	410	292	314	296	325	2008年4月
アステラス	ハルナール （フロマックス）	排尿障害	467	466	456	52	47	39	43	43	2009年10月
アステラス	ベシケア	過活動膀胱	277	310	351	358	389	468	581	560	2019年5月
アステラス	タルセバ	非小細胞肺がん	-	-	-	141	198	236	289	300	2019年5月
大日本住友	ラツーダ	統合失調症	-	-	-	-	69	161	422	830	2019年1月
田辺三菱	ジレニア	多発性硬化症	-	-	-	-	35	195	322	475	2019年2月
エーザイ	アリセプト	アルツハイマー 型認知症	1,869	1,896	1,947	1,534	114	110	39	20	2010年11月
エーザイ	パリエット （アシフェックス）	消化性潰瘍	1,247	1,012	810	656	559	514	377	120	2013年11月
第一三共	オルメテック （ベニカー）	降圧剤	879	874	889	797	713	732	859	710	2016年10月
第一三共	クラビット （レバキン）	合成抗菌剤	535	472	359	281	81	43	43	na	2011年6月
大塚HD	エビリファイ	抗精神薬	2,311	2,372	3,056	3,083	3,161	3,361	4,555	3,840	2015年4月
塩野義製薬	クレストール	高脂血症	298	343	500	642	647	630	657	500	2016年7月

出所：会社資料
注：タケプロン、アクトス、ベルケイド、プログラフ、アリセプト、パリエット、オルメテックは現地売
　上高、ハルナールは輸出額とロイヤリティ収入額、ブロプレスは米欧亜への輸出と一部現地売上高を
　含む、タルセバ、クレストールとジレニアはロイヤリティ収入額

115

よくわかる医薬品株

クの参入が続いています。

(7) 2016年から3年連続の薬価改定

国内では制度リスクが高まります。2016年4月の通常の薬価改定、2017年4月の消費増税に伴う薬価改定、2018年4月の通常の薬価改定と3年連続の改定が控えています。2016年4月の薬価改定についてはすでに述べたとおりです。新薬創出加算の恒久化は実現しませんでしたが、試行的継続となりました。基礎的医薬品についても薬価の緩和措置が盛り込まれました。

2017年4月の消費増税に伴う薬価改定については、単純に増税分2%を薬価に上乗せするのではなく、薬価調査を実施した上で実勢価格を把握して、増税率と調整幅2%を乗せる全面改定になるとみるべきです。すなわち前回の1997年4月に消費税が、3%から5%へ引き上げられた時と同様の手法で改定が行われることになるでしょう。

(8) 頻回改定は先送りか

2018年以降の薬価改定について、2年に1回を1年ごとに実施する頻回改訂へ移行することが一部で取り沙汰されています。診療報酬の財源から薬価改定を切り離すという議論と連動しているようですが、年1回の改定は負荷が大きい割には実質的なメリットが少ないという見方もあります。結論が出るのは2017年以降と考えてよいでしょう。いずれにしても2016年4月から3年連続の改定という事実は医薬品セクターに対する見方を厳しくすることは確かですが、重苦しい雰囲気を是が非でも払拭しなければいけません。

5. 長期的注目点

最後に長期的な注目点は、日本が直面する構造的問題に対して、どのようなソリューションを提供することが可能なのかという点につきます。

(1) 医療財政は日本経済の縮図

医療財源は枯渇しています。高齢化による医療費の高騰、慢性疾患の増加による医療費負担増、がんが疾病別にみた死亡原因の1位、医師や看護師、介護士など医療従事者の負担増、医療機関の経営難、地域医療とのミスマッチや医療格差の拡大、支払い側と呼ばれる健康保険組合の収支悪化、など構造的な問題に直面しています。にもかかわらず医療は政治（政策，選挙）と密接に関係するため痛みを伴う改革を進めにくい。以前ほどではないにしても日本医師会の影響力も残っています。財政の観点から財務省は医療費／薬剤費の圧縮を求めます。医療行政を管轄する厚生労働省は、こうした既得権者の利害調整に配慮しつつ難しい舵取りを強いられます。

(2) 2025 年問題

高齢化 2025 年問題です。日本の高齢化は 2025 年にピークを迎えることになります。2025 年へ向けて国民医療費は年1兆円を上回るペースで増加していきます。高齢化は疫病や大災害が発生しない限り、ほぼ確実に進行します。そのため介護にかかる費用は 2012 年度の 8.4 兆円から 2025 年度には 19.8 兆円へ倍増する予想です。2015 年度政府予算では介護報酬が前年度比 2.27％引き

図 5−3　高齢化の進展

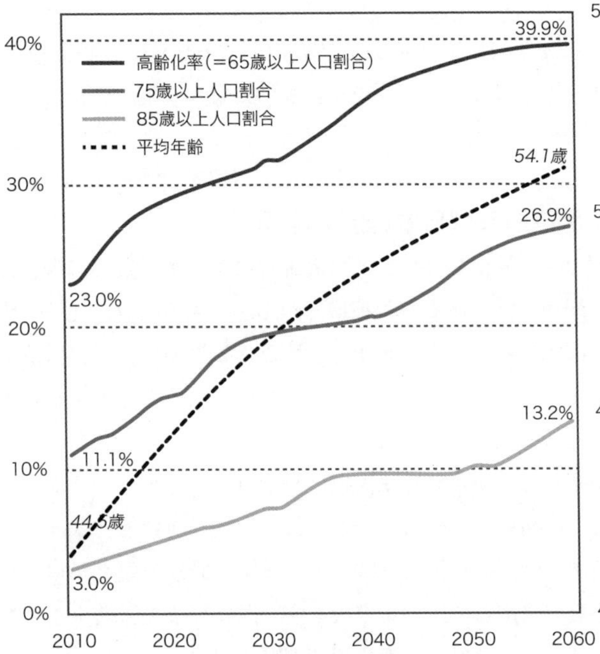
58
39.9%
40%
高齢化率（＝65歳以上人口割合）
75歳以上人口割合
85歳以上人口割合
平均年齢
54.1歳
30%
26.9%
53
23.0%
20%
13.2%
48
11.1%
10%
44.5歳
3.0%
0%
43
2010
2020
2030
2040
2050
2060

出所：財務省

下げられました。9 年ぶりのマイナス改定となり介護の事業者団体からの反発は強かったが、今後は認知症ケアの増加が見込まれるなか、介護報酬全体では引き下げとなりました。一方で少子化に歯止めがかかり増加に転じるかどうかは、有効かつ十分な政策を打ち出せるかにかかっています。子育てには託児所の増設などの地道な取り組みが不可欠であり、そのための経費として 2012 年度に 4.8 兆円が投入され、2025 年度には 5.6 兆円を投じる計画です。

第 5 章　医薬品業界の注目点

図 5-4　高齢化の影響

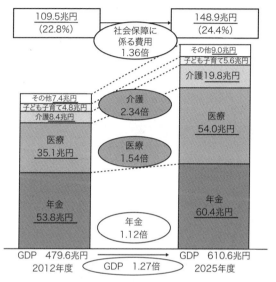

出所：厚生労働省

　結果として 2025 年度の社会保障給付費に占める医療費は 2012 年度の 35.1 兆円から 2025 年度には 1.54 倍の 54 兆円へ増加すると試算されます。

　医療を含む社会保障全体にかかる費用は 2012 年度の 109.5 兆円から 2025 年度には 148.9 兆円へ増加する見込みで、そのうち増加額が一番大きいのは医療です。政府と財務省はこうした状況を踏まえて「社会保障・税一体改革」に取り組んでいます。社会保障費の自然増を抑制するためには医療費の見直しは避けて通れません。問題は「どう対処するのか」です。

図5-5　社会保険・税一体改革の趣旨

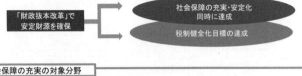
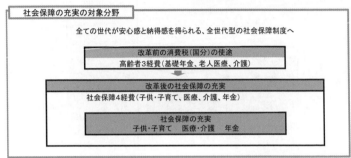

出所：財務省

6. 2016年の政治政策日程

　医療の財源不足は明らかです。「経済再生の遅れ」→「財政逼迫」→「社会保障費の抑制」→「医療費の見直し」という流れは明白です。2017年4月に消費税が8％から10％へ引き上げられたとしても、この流れは変わらないでしょう。図5-5の「社会保障・税一体改革」が進んだとしても、2017年度の社会保障費の財源は19.3兆円不足すると試算される。2025年の高齢化ピークへ向けて医療費をフリーハンドで増加させる選択肢はありません。

　2016年の通常国会（1月4日から6月1日の150日間）では2016年度政府予算の成立、軽減税率を巡る税制改正関連などの審議が先行し、予算成立後は参加１２カ国が大筋合意した環太平

洋戦略的経済連携協定 (TPP) に焦点が移るでしょう。

　今国会での医療関連政策の審議日程は以下のように考えられます。

2016年の主な医療・介護関連政策の日程(12／28)《厚生労働省》

① 2016年の主な医療・介護関連政策の日程は、まず、1月4日開会の通常国会で、診療報酬本体のプラス改定が決まった改定率などを盛り込んだ2016年度当初予算案や、政府税制改正大綱が議論されます。

② 2016年度診療報酬改定関連では、2月頃の中央社会保険医療協議会総会の答申に向けて、「議論の整理」が示されるほか、例年では1月末に、いわゆる「短冊」(新点数部分を除いた点数表の新旧対照表)が発表されます。答申を受けて大臣は3月ごろ「大臣告示」を実施して改定の内容が正式に決まり、関連通知・疑義解釈の発出を経て、4月の改定を迎えます。

③他方、4月には、医療保険制度改革法(2015年通常国会成立)の施行により、負担公平化などのため、「紹介状なしの大病院受診時の定額負担の導入」や「入院時の食事代について、在宅療養との公平等の観点から、調理費を含める段階的引き上げ」、「健康保険の保険料算定の基礎となる標準報酬月額の上限額引き上げ (121万円から139万円)」を実施。

④また、安倍首相の発言・提案から実現した「患者申出療養」(新たな保険外併用療養) がスタートします。

⑤さらに、医療費適正化計画の見直しも行われ、都道府県が地域医療構想と整合的な目標 (医療費の水準、医療の効率的な提供の推進) を計画の中に設定することになります。

⑥このあと、6月までに、医療事故調査制度の見直し (法律に

より公布から2年以内）がされるほか、厚労省が2016年半ばまでの策定を求めている各都道府県の地域医療構想が出揃う見通し。さらに、7月は参議院議員選挙が行われる予定です。

⑦このほか、2016年末までに、「かかりつけ医以外を受診した場合の定額負担導入」や「高額療養費制度の外来上限や高齢者の負担上限額の見直し」、「介護療養病床等の効率的なサービス提供体制への転換」、「入院時の光熱費相当額に関する患者負担の見直し」、「介護納付金の総報酬割導入」などについて検討し結論を得て、法改正が必要な場合、2017年通常国会へ関連法案が提出される見通しです。

⑧また、2017年4月の消費税率10％引き上げに向けて、毎年の薬価改定や消費増税対応の診療報酬改定などが議論されるでしょう。

7. ゲームチェンジャーとなる大型新薬

2015年に従来の治療法を根本から変えるゲームチェンジャー的な新薬が登場しました。C型肝炎治療薬とがん免疫チェックポイント阻害剤です。両剤は既存薬と比較して優れた薬効と安全性を示し、患者の副作用低減はもとより社会復帰を促すという点でも注目される新薬です。それがゆえに高い薬価を享受されたわけですが、医薬品企業が得る適正な利潤についても議論を呼びました。その結果として前述したように2016年4月から導入される特別再算定や一部薬剤に対するHTA（Healthcare Technology Assessment：医療技術評価）、費用対効果の検討を開始するきっ

かけになりました。

　医療財政の観点から、また国民皆保険を維持するという視点から医療費を抑制しなければいけないことは確かですが、患者のQOL（Quality Of Life）だけでなく入院や介護、死亡といった社会的コストを軽減する新薬を育てていく土壌を失うことは避けなければいけません。大げさでなくそれは国家的損失につながるからです。

(1) C型肝炎治療薬

　日本におけるC型肝炎ウイルス（HCV）の感染者（キャリア）の数は190〜230万人と推測されています。キャリアと判っていても自覚症状がないので治療を受けない患者が多く、放置して慢性化すると肝線維化が進み、肝硬変、肝がんへと進行していきます。1980年代には肝炎は21世紀の国民病として恐れられていたのです。

　1989年にHCVが発見され、国内で1992年にインターフェロン（IFN：注射剤）による治療が始まりました。C型肝炎は日本で約7割を占めIFNが効きにくいジェノタイプ（遺伝子型）1と比較的効きやすいジェノタイプ2に大別されます。IFN単独投与で始まったC型肝炎治療は、抗ウイルス薬『リバビリン』（製品名「コペガス」，「レベトール」など）や『シメプレビル』（製品名「ソブリアード」）との併用療法により著効率は初回治療の患者では約9割に達しました。しかしIFN併用療法はほぼすべての患者が発熱、悪心、倦怠感、不眠症、うつ、などの副作用に苦しむため、高齢者や仕事を続けながらの治療を断念することも多かったのです。

よくわかる医薬品株

　2014年9月にINFを使わずに経口投与が『ダクルインザ』と『スンベプラ』の併用療法がジェノタイプ1のC型肝炎治療に保険適用されました。著効率はIFN併用療法とさほど変わりませんでしたが、副作用発現率が1〜2割に抑えられるため患者にとっては朗報となりました。発売元の米ブリストル・マイヤーズスクイブでは使用患者数はピーク時の発売2年目に1.7万人と予想していましたが、発売1年で投与患者数は2万人を超えて、両剤合計のピーク時売上予想の381億円を発売1年で上回ったと推測されます。

　2015年5月にはギリアド・サイエンシズからジェノタイプ2に有効なソバルディが発売されました。ジェノタイプ2はIFNによる治療効果が高いとされますが、患者数もC型肝炎感染者の約3割と少ないにもかかわらず、ソバルディは発売から約6ヵ月間で投与患者が1.8万人に達しました。ピーク時予想の2年目の1.9万人、売上高987億円を上回ることがほぼ確実な状況です。

　ギリアド・サイエンシズは2015年9月にジェノタイプ1に効くハーボニーを発売しました。ハーボニーはソバルディの成分である「ソホスブビル」に「レジパスビル」というもう一つの成分を組み合わせた配合剤です。100％に近い著効率を示します。ハーボニーは先行したダクルインザ／スンベプラと比較して1クールの治療期間が12週間と短く、1日1回1錠でダクルインザ／スンベプラでは義務付けられている投与前の耐性検査も不要で優位に立ちます。ハーボニーもソバルディと並んで年間売上高1,000億円を上回るでしょう。

　さらに2015年11月にアッヴィがジェノタイプ1を対象とする『ヴィキラックス』を発売しました。ヴィキラックスはハーボニー

と直接競合しますが、ダクルインザとスンベプラが類似薬効方式で採用されたため、ハーボニーに比べて薬価が低く設定されました。ピーク時予想も2年目、患者数1.4万人、売上高608億円と控えめですが、ハーボニーは投与禁忌の重度の腎機能障害患者にも使用可能です。

2016年4月の薬価改定でソバルディとハーボニーは新ルールの特例再算定の対象となり、最大25％の薬価引き下げを受けることになります。ダクルインザ／スンベプラは特例再算定は免れましたが、通常の市場拡大再算定の対象となり、類似品としてアッヴィのヴィキラックスも引き下げの対象となります。いずれの製品も発売から2年も経過していません。こうした新製品の開発はC型肝炎の治療を全例の著効達成に導くものです。肝硬変や肝がんの治療費はもとより、患者の失職、家族の負担といった社会的コストを低減させる効果を薬価に反映させるのは簡単ではありません。しかし特例再算定のようなルールは単純に売上規模だけを基準にしています。今後のイノベーションやHTA／費用対効果の議論に反映されるべきケースだと考えられます。

ところでこのC型肝炎治療薬の開発に日本の医薬品企業は関与していません。21世紀の国民病といわれた肝炎の克服へ大きく

表5−9　ダクルインザ／スンベプラ、ハーボニー、ソバルディの比較

タイプ	患者割合	薬剤名	発売日	企業名	用法・用量	著効率	薬価	薬剤費	ピーク時売上高
1	70%	ダクルインザ／スンベプラ	2014/9/3	ブリストル・マイヤーズ	24週（ダクルインザ1日1回、スンベプラ1日2回）	84.7%	9,186円／3,280.7円	265万円	222億円／159億円（2年度, 1.7万人）
		ハーボニー配合錠	2015/9/1	ギリアド・サイエンシズ	12週（1日1回）	100%	80,171.3円	673万円	1,190億円（2年度, 1.8万人）
2	30%	ソバルディ	2015/5/25	ギリアド・サイエンシズ	12週（1日1回）	96.4%	61,799.3円	519万円	987億円（2年度, 1.9万人）

出所：日刊薬業
注：ソバルディはリバビリンを併用

よくわかる医薬品株

前進したことは朗報ですが、日本の医薬品企業によるイノベーションでなかったことは残念です。最初の特例再算定を逃れたのは不幸中の幸いと喜ぶことはできません。

(2) がん免疫チェックポイント阻害剤オプジーボ

オプジーボは日本発の免疫チェックポイント阻害剤、世界初の抗PD-1抗体オプジーボは小野薬品工業とブリストル・マイヤー

表5-10　オプジーボの主な開発状況

対象疾患	日本	欧米	韓国・台湾
悪性黒色腫（2次〜）	上市	上市（米） 上市（欧）	承認（韓） 申請（台）
悪性黒色腫（1次）	申請	承認（米） 承認（欧）	申請（韓）
悪性黒色腫（1次）イピリムマブ併用	II	承認（米） 申請（欧）	－
非小細胞肺がん（2次〜）	承認	承認（米） 申請（欧）＊	申請（韓） 申請（台）＊＊
非小細胞肺がん（1次）	III	III	III
腎細胞がん（2次〜）	申請	承認（米） 申請（欧）	
腎細胞がん（1次）イピリムマブ併用	III	III	－
頭頸部がん	III	III	III
胃がん	III	I／II	III
小細胞肺がん	III	III	III
食道がん	III	－	III
膠芽腫	II	III	－
びまん性大細胞型B細胞リンパ腫（非ホジキンリンパ腫）	－	II（BMS） II（BMS）	－
ホジキンリンパ腫	II	II（BMS） －	－
尿路上皮がん	II	II（BMS） I／II（BMS）	－
大腸がん	－	I／II（BMS） I／II（BMS）	－
トリプルネガティブ乳がん、尿路上皮がん			
胆道がん	I	－ I（BMS）	－
血液がん（T細胞リンパ腫、多発性骨髄腫、慢性白血病、他）	－	I（BMS）	－
慢性骨髄性白血病	－	I（BMS）	－

出所：小野薬品工業
注：＊肺扁平上皮がんは承認前
　　＊＊肺扁平上皮がんについて申請

126

ズスクイブが共同で開発しました。2014年9月に世界に先駆け
て日本でメラノーマ（黒色悪性腫）の治療薬として発売されまし
た。2015年3月には米国で進行期肺扁平上皮がんを適応として
FDA（食品医薬品局）から発売承認を受理しました。2015年12
月には国内で切除不能な進行・再発の非小細胞肺がんを対象に適
応拡大が認められました。

　がん細胞は人間の免疫システムをコントロールするT細胞か
ら逃れるための仕組みを持っています。がん細胞は細胞表面に
PD-L1というシグナルを発現していて、免疫細胞であるT細胞
のPD-1と結合して免疫細胞の攻撃を免れています。オプジーボ
はがんが免疫から逃れるためのチェックポイント・シグナルと
なっているPD-1を抑制することにより、リンパ球によるがん細
胞への攻撃を促進する働きがあります。多くの抗がん剤はがん細
胞を叩くことで効果を高めますが、オプジーボはがんに対する免
疫を活性化するという独特な作用を持ちます。これまでにもがん
の免疫療法にいくつかの製品が使われてきましたが、抗PD-1抗
体のオプジーボは免疫療法の本丸といえるでしょう。

表5-11　オプジーボとI-O化合物との併用での臨床試験

併用療法	がん腫	Phase	エリア
Nivolumab + Ipilimumab	腎細胞がん	Ⅲ	欧米，日本
	悪性黒色腫	Ⅲ	北米
		Ⅱ	日本
	非小細胞肺がん	Ⅲ	欧米，日本，韓国
Nivolumab + Lirilumab (抗KIR抗体)	固形がん	Ⅰ	北米
Nivolumab + BMS-986016 (抗LAG-3抗体)	固形がん	Ⅰ	欧米，日本
Nivolumab + Urelumab (CD137受容体作動薬)	固形がん，非ホジキンリンパ腫	Ⅰ／Ⅱ	欧米，日本
Nivolumab + Mogamulizumab (抗CCR4抗体)	固形がん	Ⅰ	日本

出所：小野薬品工業

よくわかる医薬品株

　オプジーボの一般名は「ニボルマブ」です。ニボルマブの生み
の親は京都大学の本庶佑名誉教授です。ニボルマブは「本庶教授
の研究室から小野薬品工業」→「米の抗体開発ベンチャー企業メ
ダレックス」→「2009年にブリストル・マイヤーズスクイブがメ
ダレックスを24億㌦、当時の為替レートで約2,250億円で買収」
→「2011年9月に小野薬品工業とブリストル・マイヤーズスクイ
ブはニボルマブの共同開発、販売提携について正式契約を結ぶ」
という紆余曲折を経てオプジーボとして製品化されました。

　オプジーボは現在までに日米でメラノーマと非小細胞肺がんを
対象にして承認、発売されています。また免疫チェックポイント

表5-12　がん患者数

がん種	年間発症数				年間死亡者数			
	Japan	Korea	USA	EU	Japan	Korea	USA	EU
食道	19,683	2,223	16,968	45,983	12,440	1,551	15,982	39,523
胃	107,898	31,269	21,155	139,667	52,326	10,746	11,758	107,314
結直腸	112,675	33,773	134,349	447,136	49,345	9,169	55,259	214,814
肝	36,168	16,900	30,449	63,462	32,518	12,275	24,312	62,175
胆のう	21,417	5,228	9,431	29,744	19,309	4,176	3,845	20,877
膵	32,899	5,379	42,885	103,845	31,046	5,086	41,509	104,535
咽頭	3,615	1,087	12,373	39,921	977	394	3,880	19,772
肺	94,855	22,873	214,226	410,220	75,119	17,848	167,545	353,723
メラノーマ	1,371	649	69,109	100,442	691	263	10,224	22,212
乳	55,710	17,140	232,714	464,202	13,801	2,274	43,909	131,257
子宮頸部	9,390	3,299	12,966	58,373	3,645	1,113	6,605	24,385
子宮体部	11,449	2,016	49,645	98,984	2,783	291	6,925	23,733
卵巣	8,921	2,349	20,874	65,584	4,986	1,054	15,377	42,737
前立腺	55,970	10,351	233,159	417,137	11,644	1,696	30,383	92,318
腎	16,830	5,651	58,222	115,252	8,124	1,264	14,900	48,988
膀胱	22,042	4,097	68,639	151,297	7,630	1,330	16,468	52,395
脳・神経	5,510	1,978	21,611	57,132	2,229	1,270	15,746	45,003
甲状腺	9,290	32,992	52,126	52,956	1,764	430	1,965	6,334
ホジキン リンパ腫	1,061	246	8,601	17,584	148	54	1,295	4,622
非ホジキン リンパ腫	20,978	4,717	63,066	93,518	11,157	1,611	21,732	37,886
多発性骨髄腫	4,984	1,317	19,626	38,956	4,334	856	11,978	24,296
白血病	10,182	3,002	39,658	82,329	8,583	1,751	24,729	53,796

出所：WHO Globocan 2012

第 5 章　医薬品業界の注目点

阻害剤というメカニズムは様々ながん種（がん細胞）に効果を示すと考えられており、グローバルで多くの適応拡大を狙った臨床試験が進行しています。

　適応拡大によりオプジーボの持つ可能性は無尽蔵です。世界ではがんに苦しむ患者は、増加しています。

　日本でも二人に一人ががんにかかる時代です。国内だけでも売上高数千億円規模が予想されます。まさにオプジーボはがん治療のゲームチェンジャーであり、日本を代表するイノベーションの一つといえるでしょう。

　こんなオプジーボにも医療財政から圧力がかかります。オプジーボの薬価と承認条件／用量用法は以下の通りです。肺がんに使われる場合は、体重 60 kg の患者が必要な投与量は 1 回当たり180 mg ですから、薬価は 1,330,649 円になります。1 年間に 24 回のオプジーボの投与を受けた場合、年間の薬価は 31,935,576 円かかることになります。これだけのコストを公的な医療財源から捻出するのは難しいでしょう。オプジーボも早晩、C 型肝炎治療薬ソバルディやハーボニーのように特例再算定を受けることになると思われます。日本発のイノベーションをどのように評価していくのか注目されます。

第6章

医薬品業界はどこへ向かうのか

第6章　医薬品業界はどこへ向かうのか

　ここから医薬品業界の進むべき方向性を考えてみましょう。これまでみてきたように、医薬品業界は知的集約産業の最先端に位置します。疾病克服のための新薬開発へ向けてイノベーションやブレークスルーを追求することは社会的責任です。企業は各社各様に収益基盤と研究開発力の向上など体質改善に取り組んでいますが、個別企業の努力では解決できない医療財源不足や経営資源の有効活用を追求するためには、それぞれの企業が持つ独自の強みを発揮できる体制と戦略を再構築することでしょう。また業界再編は古くて新しい問題です。2000年台半ばに起きた再編はややもすれば規模を追求し、海外でのプレゼンスを高めることが狙いでした。次の再編がそう遠くない将来にあるとすれば、キーワードになるのは、国内では「薬価」、「ジェネリック」、「イノベーション」、海外では「欧米市場」、「新興国市場」、国内外共通のキーワードはやはり「新薬開発パイプライン」でしょう。

1. 大手の憂鬱

(1) 社数を減らす

　国内の医薬品市場規模を考えると、いまだに現在の社数は多すぎます。社数が多く各社の利益規模は小さいということは、限られた医療財源が拡散してしまい有効活用されていないということになります。国内の上位メーカーですらグローバルの医薬品市場では2番手から3番手クラスです。この状況を打破するには大手は国内外で一定の事業規模を維持しつつ、研究開発領域を絞り込み新薬開発のラグを小さくすることが必要です。準大手クラスは独自の強みを確立し、それを武器にして国内外で販売提携や共同

133

よくわかる医薬品株

研究開発を介して利益を上げることが大切です。

(2) 大手企業の思惑

2005 年に山之内製薬と藤沢薬品工業が合併しアステラス製薬、2007 年に三共と第一製薬が完全経営統合し第一三共が発足しました。この間に武田薬品工業は国内勢同士の合併には興味を示さず（少なくとも外部者に対しては）、海外での企業買収や事業基盤の強化を優先し検討してきました。当時大手の一角を占めたエーザイも独自路線を追求しました。現在はエーザイが順位を下げ大塚ホールディングスが大手の一角を占めています。ここでいう大手とは営業利益 1,000 億円超の企業です。

アステラス製薬と第一三共の誕生によって上位企業による寡占化が進むと予想されましたが、改革的な変化は起きませんでした。これはアステラス製薬と第一三共が合併後の企業統合に時間を要したこと、各社が 2010 年問題の解消に手間取ったことが要因です。人員削減や事業再編に時間をかける日本型合併のシナジー効果は即効性が小さく、営業活動や研究開発の停滞のリスクもあることが認識されました。したがってエーザイを含む 5 社を巻き込んだ再編や合併が起こる可能性は低そうです。

武田薬品工業、エーザイ、第一三共と大塚ホールディングスは足元の主力製品の特許切れに直面、アステラス製薬は 2019 年の特許切れ問題が近づいています。各社とも当面は自社製品の販売強化と導入品の品揃え強化を進め、研究開発面では海外のバイオベンチャーの買収や共同開発などで乗り切る方針です。まさしくお手並みに拝見という状況です。

(3) 外資系医薬品企業が国内の大手、準大手企業を買収する可能性は低い

外資系医薬品企業による買収説は根強く残っていますが、外資系が国内の大手や準大手を買収する可能性は低いでしょう。ほとんどないといっても過言ではありません。これは日本へ進出したい外資系企業はほとんどの場合、すでに国内基盤を整備しており買収によるメリットを見出せないためです。大手や準大手は既存製品や新薬開発で複数の領域を手掛けているため、外資系の国内法人子会社との重複が問題となります。日本では友好的に買収した企業に対してリストラをすることは、以前ほどではないにしても抵抗があります。外資系企業にとってはリストラのような後ろ向きの対応に労力を削ぐよりも、是々非々の個別の対応で日本の医薬品企業と付き合うという割り切りが強いのです。

ただし国内に買収対象となるような価値のある企業が少ないというのは残念です。国内で買収対象になるためには、研究開発などの領域を絞りこみ、いわゆるアンメット・メディカル・ニーズ（治療法のみつかっていない疾患に対する医療ニーズ）を開拓できる新薬候補を持っていることが条件です。現時点でこの条件に当てはまるのは、医療用眼科領域でトップ企業の参天製薬でしょう。

(4) 中外製薬とロシュは稀な成功ケース

外資系医薬品企業が日本の上場企業を買収したケースとして、2003年の米メルク→万有製薬、同年の米アボット・ラボラトリーズ（現米アッビィ）→北陸製薬、などがありました。ただし、万有製薬も北陸製薬も買収される以前から、すでに外資系傘下に収

よくわかる医薬品株

まっており完全子会社化は既定路線であったのかもしれません。

そんななかでスイスの医薬品大手ロシュ（正式社名はホフマン・ラ・ロシュ）による中外製薬の経営権取得は、医薬品業界の黒船というイメージを残しました。ロシュの中外製薬への出資比率については2002年10月1日を起点に5年間は50.1％を維持し、その後2007年10月から2012年9月まで59.9％まで買い増し可能で、その後は規定を設けないが株式の上場を維持するという当事者間同士の取り決めがありました。ロシュは2008年6月に中外製薬への出資比率を上限59.89％（議決権は61.46％）へ引き上げました。

ロシュは日本における事業展開に手間取っており、中外製薬は腎性貧血治療剤『エポジン』への利益依存度が高まりポスト・エポジンとなる新薬の手当てが急務でした。そこで両社のニーズが合致しました。国内は中外製薬が主導する形式で日本ロシュを合併し、海外事業展開は全面的にロシュへ委ねる格好となったのです。中外製薬にとっては生き残りを賭した戦略であり結果は成功でした。抗体医薬品として注目される中外製薬のリウマチ治療剤『アクテムラ』が海外で承認され、ロシュによって売り上げが大型化しています。国内ではロシュ・オリジンの抗がん剤『ハーセプチン』、『アバスチン』や『パージェタ』などが大型化しています。また中外製薬は独自の抗体改変技術を高めて、リサイクリング抗体やバイスペシフィック抗体を活用した新薬にも挑戦しています。ロシュとの提携によって焦点をさらに絞り込み、多くの経営資源を抗体開発へ投入し、従来から持っていた独自の強みを一段と高めた成功例といえるでしょう。提携当初のロシュと中外製薬の経営陣はWinWinの関係と強調しましたが、その有言実行

へ着実に進んでいるといえます。もちろん将来的に中外製薬がロシュに100％買収される可能性は否定できません。日本の医薬品業界に根強くあった外資アレルギーは依然として残っているようです。中外製薬とロシュの成功は稀なケースかもしれませんが、グローバルの医薬品業界で戦えるビジネスモデルを示していかなければ株主は納得しないでしょう。

2. 大手を追撃する5社体制

(1) もはや準大手ではない

　協和発酵キリン、大日本住友製薬、田辺三菱製薬、塩野義製薬、小野薬品工業、が準大手グループとされていましたが、もはや準大手ではなく、大手よりも勢いを感じます。医療用医薬品の売上高でみると4,000億円規模の大日本住友製薬と田辺三菱製薬、3,000億円規模の塩野義製薬、2,500億円規模の協和発酵キリン、2,000億円規模の小野薬品工業となっています。各社とも独自の戦略や方向性を示したことで、大手を上回る評価を株式市場で得ています。

　この5社のうち協和発酵キリン、大日本住友製薬、田辺三菱製薬の3社は異業種の親会社がいます。大日本製薬と住友製薬の合併、田辺製薬と三菱ウェルファーマの合併によって、大日本住友製薬は住友化学傘下、田辺三菱製薬は三菱ケミカルホールディングス傘下に収まりました。また協和発酵キリンも協和発酵とキリンファーマが合併しキリンホールディングス傘下に入りました。親会社が従来から医薬品事業を手掛けていたとはいえ、化学や食品という異業種からの医薬品企業への出資です。親会社が発行済

み株式数の 50.1% 以上を保有していますが、株式市場での親子上場が資本の効率性やガバナンス、コンプライアンスを問われる時代にマッチするかどうかは疑問です。もちろん本業で結果を出すことも重要です。

協和発酵キリンは自社開発の抗体医薬品『ポテリジオ』を血液がんだけでなく、固形がんへの適応拡大を進めるために今話題の抗PD-1抗体と組み合わせた開発を英アストラ・ゼネカや米ファイザーと進めています。大日本住友製薬は統合失調症治療薬『ラツーダ』を米国で発売したのを皮切りに、ボストンバイオメディカルを買収してがん幹細胞治療薬『BBI608』の開発に注力しています。またその傍らで再生医療や細胞医薬品への取り組みを強化しています。

田辺三菱製薬は米バイオジェンへ多発性硬化症治療薬『MT-1303』を導出し共同開発する一方、脳梗塞治療に使われているラジカットのALS（筋萎縮性側索硬化症）への適応拡大をバネにして、米国進出を図る計画を発表しました。いずれも開花する可能性に期待しているわけです。

(2) クレストール・クリフを克服しつつある塩野義製薬

塩野義製薬は高脂血症治療薬クレストールのロイヤルティが枯渇する前に、米国のサイエル社を 14 億㌦で買収し海外進出への布石を打ちました。だがこれは見事に失敗しました。それからは原点に立ち返りアストラ・ゼネカとのロイヤルティ契約の見直しに成功したのに続き、GSK（英グラクソスミス・クライン）へ導出した抗HIV薬『テビケイ／トリーメク』からのロイヤルティ収入の増加によりクレストール・クリフを克服できそうです。新薬

開発パイプラインもオピオイド服用に伴う消化器症状（便秘）を改善する『S-297995』、ADHD（注意欠陥障害）治療薬『S-877503／S-877489』、アルツハイマー型認知症治療薬BACE（βセレクターゼ）阻害薬などのラインアップがあります。ただしクレストール・クリフを乗り越えても、依然としてロイヤルティ依存からの脱却は課題です。株式市場は次の一手に注目しています。

(3) 異色の小野薬品工業

　小野薬品工業の2015年度売上高は1,357億円、営業利益147億円、売上高営業利益率は10.9％でしたが、2007年度は売上高1,459億円、営業利益523億円、売上高営業利益率36％と医薬品業界トップクラスでした。わずかの間に利益が急減したのは、売上高に占める長期収載品比率がほぼ100％に達したため、ジェネリックの攻勢を全面から受けたのです。小野薬品工業は、病院向けの注射剤プロスタグランジン製剤の研究開発で成功し、高収益体質を築き上げてきました。しかし1995年以降、新薬開発が相次いで頓挫しました。2007年6月に発売した過活動膀胱治療剤『ステーブラ』はキョーリンからの導入品であり、糖尿病治療剤『グラクティブ』なども導入品です。好採算の自社プロスタグランジン製剤と導入品では利益に雲泥の差があります。そこに登場したのが、自社開発のがん免疫チェックポイント阻害剤『オプジーボ』です。オプジーボの開発成功にはいくつかの幸運がありました。オプジーボ（一般名はニボルマブ）は1994年に京都大学の本庶佑名誉教授が抗体となる免疫細胞のターゲット分子を発見し、それを小野薬品工業が入手したことから始まります。それからオプジーボは抗体生成技術で定評のあった米メダレックスと提携し、そのメ

よくわかる医薬品株

ダレックスをがん大手のブリストル・マイヤーズスクイブが買収
してからグローバル開発が急進展しました。ブリストル・マイヤー
ズスクイブによるオプジーボのグローバル市場での売上高は1兆
円という予測もあり、そこから小野薬品工業は多額のロイヤル
ティを得るでしょう。それを原資にして次の新薬開発へ結びつけ
ることが課題であることはいうまでもありません。

(4) 安泰とはいえないスペシャリティー・ファーマの世界

ここで述べるスペシャリティー・ファーマとは特定の疾病領域
や製品群に特化した医薬品企業です。代表例は眼科領域の参天製
薬、貼付型の消炎鎮痛剤の久光製薬、そして漢方製剤のツムラで
す。3社共通の特徴はそれぞれの国内の得意分野で高シェアを獲
得していることです。最新のデータによると参天製薬は国内の医
療用眼科薬のシェア43%、久光製薬は貼付剤市場でシェア45%、
そしてツムラの医療用漢方市場のシェアは85%に達しています。

得意分野で高シェアを持つことで安泰にみえますが、それぞれ
課題に直面しています。第1は国内市場が成熟化しているなかで、
新規市場となる海外市場へのアクセスです。

久光製薬は米国のノーベンを買収、参天製薬は仏ノバガリ・
ファーマとメルクの欧州での眼科事業買収により海外事業を拡充
したが、シナジー効果やスケールメリットはまだ実感できません。
ツムラは漢方薬の国際化をどう進めるのかが難題です。第2は国
内の保険適用の是非です。一部の点眼薬や漢方薬、消炎鎮痛の貼
付剤はOTC市場で全額個人負担によって代替することが可能で
す。医療費抑制のなかに占める金額としては大きくはないものの、
保険適用の範囲が狭められる可能性がゼロというわけではありま

せん。スペシャリティー・ファーマとして生き残るためには、得意分野での商品価値を高めていくことしか近道はありません。

3. 研究開発で生き残るために

医薬品業界の再編は、突き詰めると限られた医療財源と経営資源の無駄を省くために必要ということです。ジェネリックの普及促進や長期収載品の薬価引き下げは、国内で生き残るための条件を満たせない企業に対するペナルティーのようなものです。

グローバルの新薬研究開発は弱肉強食の生存競争であり、日本の医薬品企業はここでキャッチアップしないと、グローバルの集団から取り残されてしまいます。規模の追求はすでに時代錯誤かもしれません。長い間低分子化合物を基本とする創薬と研究開発においては、地道に改良を加える日本式の創薬研究アプローチにより強味を発揮できました。欧米のメガファーマと比べても遜色のない新薬を輩出してきました。ところが創薬がバイオテクノロジーなどを駆使した抗体医薬や核酸医薬、そして再生医療や細胞医薬品の開発へ向かっていくなかで、日本の医薬品企業の多くは乗り遅れてしまいました。

欧米のメガファーマの新薬開発はバイオベンチャー頼みという面はあります。餅は餅屋に任そうという見方もできるわけです。足りないところは外部から買ってくればよいわけですが、それも支払うお金があっての話です。抗がん剤の新薬候補化合物やバイオベンチャーの買収価格は高騰するいっぽうです。

最先端技術を取り込めない企業の研究開発は後塵を拝することになります。もちろん低分子化合物を中心とする創薬と研究開発

よくわかる医薬品株

は残りますが、画期性のある新薬を創出する確率は低下していく
でしょう。創薬のパラダイムは特定の疾患を引き起こすたん白質
をターゲットにしたり、疾患が起こる際に発現する様々なバイオ
マーカーを道しるべにして新薬は開発されています。創薬に必要
な期間を短縮し、創薬した新薬の効果を推測することが可能にな
れば、新薬研究開発プロセスの効率化が図られることになります。
一方、多数の患者を組み込みバイオマーカーを駆使した臨床試験
を実施するためには、これまで以上の開発コストとノウハウが必
要になってきます。新薬開発は体力勝負の時代へ向かうでしょう。
体力勝負は避けたい日本の医薬品企業は、やはり特色ある効率的
な創薬の部分での勝負が大切になってきます。

表6—1　主要企業の動向

■ ポートフォリオ組み替え型	■ 自助努力型
エーザイ	大塚ホールディングス
武田薬品工業	田辺三菱製薬
■ アライアンス重視型	第一三共
塩野義製薬	■ 独立独歩型
小野薬品工業	中外製薬
協和発酵キリン	参天製薬
■ 新領域チャレンジ型	ツムラ
アステラス製薬	
大日本住友製薬	

出所：クレディ・スイス

　本章の最後の**表6-2**は国内医薬品企業がフェーズⅡ以降で開
発中の新薬の一覧です。新薬開発の成功確率は対象疾患や領域に
よって異なりますがフェーズⅡで40～60％、フェーズⅢでも60
～80％程度と推計されます。すべての新薬開発が成功するわけ
ではありませんが、期待を持って見守りましょう。

第6章　医薬品業界はどこへ向かうのか

表6-2　主要企業の新薬開発パイプライン

企業名	開発番号/一般名/製品名	作用機序	開発段階	適応症	注目点
協和発酵キリン	KW-0761/モガムリズマブ/ポテリジオ	抗CCR4ヒト化抗体	国内発売、欧米PIII	T細胞リンパ腫、固形がん	小野薬/BMS、ファイザー、AZNと提携し、がん免疫療法での併用を目指す
	KHK4563/ベンラリズマブ	抗IL-5受容体ヒト化抗体	国内PIII	気管支喘息	AZNと共同開発、P3を2014年4月に開始
	KRN23	抗FGF23完全ヒト抗体	グローバルPIII	X染色体遺伝性低リン血症（くる病）	欧米でUltragenyxと共同開発
武田薬品工業	MLN9708/ixazomib	経口プロテアソーム阻害薬	米国承認、グローバルPIII	多発性骨髄腫	2015根n12月に米国で承認、ベルケイドの後継品
	MLN8237/alisertib	経口オーロラAキナーゼ阻害薬	欧米PII	小細胞肺がん	P3のT細胞リンパ腫は中止
	TAK-003	4価デング熱ワクチン	PII	デング熱	ワクチン事業の成否を握る、2016年にP3開始予定
	TAK-214	ノロウイルスワクチン	PII	ノロウイルス感染	ワクチン事業の成否を握る、2016年にP3開始予定
アステラス製薬	isavuconazonium	アゾール系抗真菌剤	米国申請（2017/7）	低興性アスペルギルス症/ムコール症	Basilea（スイス）より導入、注射と経口
				カンジタ血症/カンジタ症	
	MDV3100/エンザルタミド/Xtandi	アンドロゲン受容体阻害薬	グローバルPIII	非転移性去勢抵抗性前立腺がん	Medivationより導入、効能追加
			グローバルPIII	非転移性生化学的再発前立腺がん	Medivationより導入、効能追加
			グローバルPII	乳がん	Medivationより導入、効能追加
	EB178/ソリフェナシン/ミラベグロン	ソリフェナシン/ミラベグロン併用	グローバルPIII	過活動膀胱による尿失禁など	自社開発、配合剤も検討
	ASP2215	選択的FLT/AXL阻害剤	グローバルPIII	急性骨髄性白血病	非小細胞肺がんのPIを実施中
	ASP1517(FG-4592)roxadustat	HIF安定化剤	欧州PII、国内PII	慢性腎疾患に伴う貧血	FibroGenより導入
	ASP015K	JAK（1＆3）阻害剤	国内PIII、欧米PII	関節リウマチ	日本を除くグローバル開発/販売権をJassen Biotechへ導出
	AMG145/evolocumab	抗PCSK-9抗体	国内申請中	脂質異常症	アステラス・アムジェンJVと共同開発
	AMG785/romosozumab	抗スクレロスチン抗体	国内PIII	骨粗鬆症	アステラス・アムジェンJVと共同開発
	AMG102/rilotumumab	抗HGF抗体	国内PIII	胃がん	アステラス・アムジェンJVと共同開発
大日本住友製薬	BBI608	がん幹細胞への作用	北米PIII	大腸がん併用療法	起源はBoston Biomedical
	SEP-225289/dasotraline	ドーパミン/ノルエピネフリン阻害薬	米国PIII	成人注意欠如・多動症	自社開発（サノビオン）

143

よくわかる医薬品株

表6-2 主要企業の新薬開発パイプライン（続き）

企業名	開発番号/一般名/製品名	作用機序	開発段階	適応症	注目点
	EPI-743	ミトコンドリア病	国内PII/III	リー脳症	Edisonより導入
	DSP-1747/obeticholic acid	FXR(arnesoid X receptor)作動薬	国内PII	非アルコール性脂肪肝炎	Interceptより導入
	BBI503	酵素阻害薬	カナダPII	腎細胞がんなど	起源はBoston Biomedical
	SB623	他家細胞医薬品、中枢神経細胞の再生	米国PII	慢性脳梗塞	SanBioより導入
塩野義製薬	デュロキセチン/サインバルタ	セロトニン・ノルアドレナリン再取り込阻害(SNRI)	国内承認/申請中	線維筋痛症、慢性腰痛症など	適応拡大、日本イーライリリーと共同
	S-297995/naldemedine	末梢性オピオイド受容体アンタゴニスト	グローバルPIII	オピオイド投与に伴う消化器症状	自社開発
	S-888711/lusutrombopag	トロンボポエチン受容体アゴニスト/低分子TPOミメティック	グローバルPIII	慢性肝疾に起因する血小板減少症	自社開発
	S-649266	セフェム系抗生物質(注射)	グローバルPII	重症細菌感染症	自社開発
	S-555739	プロスタグランジンD2受容体アゴニスト	国内PIII、米国PIIa	アレルギー性鼻炎	自社開発
	S-556971	コレステロール吸収阻害	国内PII	脂質異常症	起源は寿製薬
	S-707106	インスリン抵抗性改善薬	米国PIIa	2型糖尿病	自社開発
	S-877503/グアンファシン塩酸塩	非中枢神経刺激薬	国内申請中	多動性注意欠陥障害(ADHD)	Shireより導入
	S-877489/lisdexamfelamine	中枢神経刺激薬	国内PIII	多動性注意欠陥障害(ADHD)	Shireより導入
	Janssen/シオノギβ-セクレターゼ阻害薬	β-セクレターゼ阻害薬(経口)	欧州PIIa	アルツハイマー型認知症治療薬	J&J/Janssen Pharmaceuticalsへ導出
田辺三菱製薬	MT-2412/テネリアとカナグルの配合剤	DPP4阻害薬とSGLT2阻害薬の配合剤	国内PIII	2型糖尿病	自社開発
	MP-214/カリプラジン	ドパミンD3/D2受容体パーシャルアゴニスト	国内PIIb/III	統合失調症	ゲデオンリヒターと共同
	MP-3995	選択的ミネラロコルチコイド受容体拮抗	日欧PII、米PI	糖尿病性腎症	自社開発
	MT-1303	スフィンゴシン1リン酸受容体アンタゴニスト(S1P受容体拮抗)	欧州PII	多発性硬化症/クローンなど	バイオジェンと共同開発、ジレニアの後継品
中外製薬	AF802/アレクチニブ/アレセンサ	ALK阻害	日米承認	非小細胞肺がん	ロシュへ導出

144

第6章　医薬品業界はどこへ向かうのか

表6-2　主要企業の新薬開発パイプライン（続き）

企業名	開発番号/一般名/製品名	作用機序	開発段階	適応症	注目点
	RG7446/MPDL3280A	抗PD-L1モノクローナル抗体/がん免疫チェックポイント阻害薬	グローバル共同PⅢ	非小細胞肺がん、膀胱がん	ロシュと共同、中外薬は国内
	SA237	抗IL-6レセプターヒト化モノクローナル抗体	グローバル共同PⅢ	視神経脊髄炎	中外薬主導のグローバル開発、アクテムラの次世代候補品
	RG1450/gantenerumab	抗アミロイドベータヒトモノクローナル抗体	グローバル共同PⅢ	アルツハイマー型認知症	ロシュは早期アルツハイマー病対象の開発を中止、中外薬の参加する軽度アルツハイマー型認知症対象は継続
	RG3637/lebrikizumab	抗IL-13ヒト化モノクローナル抗体	グローバル共同PⅢ	気管支喘息、特発性肺線維症(P2)	ロシュと共同
	GC33/RG7686	抗グルピカン3ヒト化モノクローナル抗体	グローバル共同PⅡ	肝がん	ロシュと共同、中外薬は国内
	RG7090/basimglurant	mGluR5aアンタゴニスト	グローバル共同PⅡ	大うつ病	ロシュと共同
	CIM331	抗IK-31レセプターヒト化モノクローナル抗体	グローバル共同PⅡ	アトピー性皮膚炎	中外薬主導のグローバル開発
	URC102	URAT1阻害	海外PⅡ	痛風	自社/JW Pharmaceuticalto（韓国）と提携
	ACE910	抗factorIXa/Xバイスペシフィック抗体	グローバル共同PⅢ（予定）	血友病A	ロシュと共同
エーザイ	E5501/AKR-501/avatrombopag	トロンボポエチン受容体作動薬	グローバルPⅢ	血小板減少症治療薬	自社開発
	MORAb-003	ヒト化抗葉酸受容体αモノクローナル抗体	グローバルPⅡ	卵巣がん、非小細胞肺がん	自社開発
	MORAb-004	ヒト化抗エンド氏アリンモノクローナル抗体	欧米PⅡ	メラノーマ、大腸がん、肉腫	自社開発
	MORAb-009	キメラ型抗メソセリンモノクローナル抗体	欧米PⅡ	中皮腫	自社開発
	BAN2401	ヒト化抗Aβプロトフィブリルモノクローナル抗体	欧米PⅡ	アルツハイマー型認知症	バイオアークティックニューロサイエンスから導入
	E2609	βサイト切断酵素(BACE)阻害	米国PⅡ	アルツハイマー型認知症	自社開発
小野薬品工業	ONO-7057/カルフィルゾミブ	プロテアソーム阻害	国内申請中	多発性骨髄腫	2015年8月に国内申請、オニキスより導入
	ONO-5163/AMG416	カルシウム受容体作動	国内PⅢ	二次性副甲状腺機能亢進症	アムジェンより導入
	ONO-7643/RG1291	グレリン様作用	国内PⅡ	がん悪液質	ヘルシンより導入
	ONO-4059	Bruton'styrosine kinase(Btk)阻害	グローバルPⅡ/Ⅲ（予定）	B細胞リンパ腫	ギリアドへ導出、共同開発

よくわかる医薬品株

表 6-2　主要企業の新薬開発パイプライン（続き）

企業名	開発番号/一般名/製品名	作用機序	開発段階	適応症	注目点
参天製薬	DE-109/シロリムス	免疫抑制	グローバルPⅢ	ぶどう膜炎	自社開発
	DE-117	EP2受容体作動	米国PⅡ	緑内障・高眼圧症	自社開発、宇部興産
	DE-120	VEGF及びPDGF阻害作用、硝子体内注射	米国PⅡ	滲出型加齢性黄斑変性症	自社開発
第一三共	DS-5565/mirogabalin	α2δリガンド	グローバルPⅢ	糖尿病性末梢神経障害症、線維筋痛症	自社開発
	CL-108	MR拮抗薬	米国PⅢ	急性疼痛	MR拮抗薬（ヒドロコドン、アセトアミノフェン、プロメタジン配合薬）
	ARQ197/tivantinib	MET阻害	欧米PⅢ	肝細胞がん	ArQuleより導入
	DE-766/ニモツズマブ	抗EGFR抗体	国内PⅢ	胃がん	InnoMabより導入
	AC220/quizartinib	受容体型チロシンキナーゼFLT3-ITD阻害	欧米PⅢ	急性骨髄性白血病	Ambit買収
	U3-1287/Patritumab	抗HER3抗体	欧米PⅡ、日本PⅠ	非小細胞肺がん、乳がん、頭頸部がん	U3ファーマ起源
	PLX3397	Fms/Kit/Flt3-ITD阻害	米国PⅡ	急性骨髄性、メラノーマなど	Plexxikon起源
大正HD	TT-063	エスフルルビプロフェン含有消炎鎮痛外用薬	国内承認	変形性関節症	トクホン起源
大塚HD	レクサルティ/ブレキシピプラゾール	ドーパミンパーシャルアゴニスト	米国発売、欧州PⅢ	大うつ病、統合失調症、アジテーションなど	自社開発
	Lu AE58054/idalopiridine	選択性セロトニン5−HT6受容体拮抗	欧米PⅢ	アルツハイマー型認知症	ルンドベックと共同
	SGI-110	DNAメチル化阻害	欧米PⅡ	卵巣がん、肝細胞がん、急性骨髄性白血病	アステックスss
	AT13387	分子シャペロン熱ショック蛋白90阻害	欧米PⅡ	前立腺がん、非小細胞肺がん	アステックスss
	AT519	サイクリン依存性キナーゼ阻害	米国PⅡ	多発性骨髄腫	アステックスss
	AVP-923/デキストロメトルファン・キニジン	NMDA受容体阻害/シグマ1受容体アゴニスト	米国PⅡ	アルツハイマー型認知症に伴うアジテーション	アバニア
	AVP-786/重水素化デキストロメトルファン・キニジン	NMDA受容体阻害/シグマ1受容体アゴニスト	米国PⅡ	大うつ病補助療法	アバニア
	ACU-4429/emixustat	ビジュアルサイクルモジュレーター（経口）	米国PⅡb/Ⅲ	ドライ型加齢性黄斑変性症	アキュセラ主導

出所：会社資料をもとにクレディ・スイス作成

第7章

主要銘柄を紹介

株価の見方

2016年の株式市場は波乱の展開となっています。国際金融市場が激しい動きとなるなか、日本株は大発会から5日連続で大幅に下落しました。米国の利上げによりドル回帰が進み、新興国の通貨安、中国からの資本流出などで世界経済の減速感が急速に高まった結果といえます。原油安も株式市場におけるオイルマネーの縮小につながりました。

一方、国内においては安倍政権の経済政策は、日銀による金融政策依存から脱却できず、長期的な期待成長率を向上させる構造改革策の実施は困難な状況といわれています。日銀のマイナス金利政策も効果は疑問視されています。2016年度予算が国会で成立した後、補正予算の編成を含む景気対策が検討される可能性は強いとされますが、対症療法にとどまるという見方が多いようです。ただしこうした不透明なマクロ環境のなかでも、株式市場のマネーは常に行き場所を探しています。2016年を通じて、東京株式市場はチャレンジングな状況が続くものと考えられますが、だからこそ安定感があり、新製品の成長力と新薬開発などのテーマ性を持つ医薬品株への注目度が再び高まることが考えられます。

第7章の注意、資料について

注：証券コード順に会社を掲載。
　　表中の▲はマイナス。
資料：会社資料より作成。

第7章　主要銘柄を紹介

協和発酵キリン (4151)

株価チャート

　2016年1月29日に発表した2016年度業績ガイダンスと2016－2020年中期経営計画の数値目標が物足りなかったことで、株価は下値を探る状況です。2017年に向けて自社抗体医薬品『ポテリジオ』とがん免疫療法剤との併用療法の早期試験結果の公表、同じく自社抗体医薬品KHK4563のフェーズⅢの完了、バイオシミラー事業の進展などの材料待ちです。業績浮揚のテコ入れとバイオテクノロジー、抗体医薬といったテーマが合致すれば株価反発の余地は大きいと思われます。技術志向が強く、それが魅力の会社ですが、花井陳雄社長には経営目標に対する強いコミットメントを望みたいです。

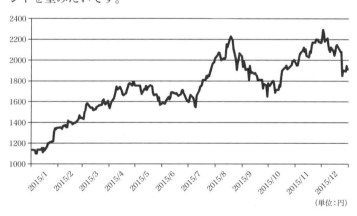

(単位：円)

会社紹介

　2008年に協和発酵とキリン傘下のキリンファーマが合併して発足しました。両社の強みであるバイオ医薬品、抗体薬品の強化

よくわかる医薬品株

拡充を目指すことで合致。富士フィルムとバイオシミラーの開発
で提携。自社開発の抗体医薬品ポテリジオとがん免疫療法剤との
共同開発で小野薬品工業／米ブリストル・マイヤーズスクイブ、
米ファイザー、英アストラ・ゼネカと提携しています。自社開発
の抗体医薬と技術を武器にして戦います。輸液向けなどの医療用
アミノ酸も手掛けています。

セグメント情報（2015年度）

（単位：億円，%）

	売上高	百分比	営業利益	百分比
医薬	2,793	77	362	83
バイオケミカル	889	24	81.3	19
調整額	▲39	▲1	▲5.7	▲1
計	3,643	100	438	100

（単位：億円，%）

	売上高	百分比
日本	2,500	69
アメリカ	242	7
ヨーロッパ	580	16
アジア	311	9
その他の地域	11	0
計	3,643	100

業績

中期経営計画は目先の業績は停滞するものの、ポテリジオな
どの抗体技術を前面にして乗り切るという内容でした。今中計
後の成長に期待する部分を残すものの、継続的成長を達成する
ためには何が必要なのか再度精査する必要があります。繰り返
しになりますが、技術だけでなく経営の数値目標に対するコミッ
トメントが問われます。新製品の発熱性好中球減少症治療薬
『ジーラスタ』は順調ですが、製品ライフサイクルがピークアウ
トした腎性貧血治療薬『ネスプ／エスポー』への収益依存度がい
まだに高いため盤石とはいえません。ポテリジオからの収益貢

献が待たれます。

業績推移 1

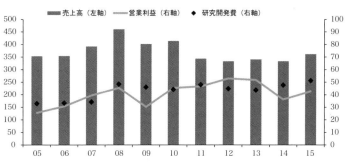

注：決算期変更にともない2009年度は2009年1月-12月の参考値(未監査)　(単位：10億円)

業績推移 2

(単位：10億円)

年度	11	12	13	14	15
決算期	2011/12	2012/12	2013/12	2014/12	2015/12
売上高	343.7	333.2	340.6	333.4	364.3
営業利益	46.6	52.9	51.8	36.2	43.8
研究開発費	48.0	44.8	43.7	47.7	51.5
当期利益	25.6	24.2	30.1	15.9	29.8

注目の新薬開発動向

　抗CCR4ヒト化抗体ポテリジオ（開発番号KW0761，モガムリズマブ）のがん免疫療法領域での成否が当面の注目プロジェクトです。抗IL-5受容体ヒト化抗体KHK4563（ベンラリズマブ）は慢性閉塞性肺疾患などを対象にして、アストラ・ゼネカとグローバルで共同開発を行っています。

中期経営計画

▶「2016 – 2020 年度中期経営計画」2016 年 1 月発表

【2020 年度数値目標】

コア営業利益：1,000 億円以上

※コア営業利益＝営業利益＋のれん償却額＋持分法投資損益

海外売上高比率：50%

ROE：10%以上

※ROE＝（当期純利益＋のれん償却額）÷自己資本

武田薬品工業（4502）

株価チャート

　株価は糖尿病治療薬『アクトス』の特許失効後の経営改革の方向性を読み切れずにいるようです。米国でのアクトス訴訟の和解、国内のテバ（イスラエルのペタハ・ティクバ）との合弁会社への長期収載品事業の移管、糖尿病などの代謝性医薬品の創薬研究からの撤退、海外の呼吸器事業を英アストラ・ゼネカへ譲渡、などクリストフ・ウェバー社長は事業ポートフォリオの再構築を進めていますが、多発性骨髄腫治療薬『ニンラロ』の米国での早期承認（2015年11月）にも株価は反応せずに終わりました。やはりニンラロ後の新薬開発パイプラインの再強化が待たれるところです。ウェバー社長の経営手腕が問われるのはこれからです。

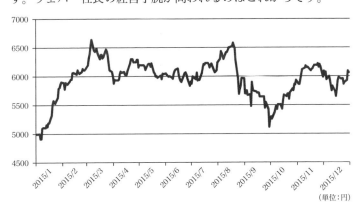

（単位：円）

会社紹介

　永らく自他ともに認める国内最大手として君臨してきました。「タケダイズム=誠実さ」を掲げ日本発のグローバルプレイヤーと

して期待されました。前立腺がん治療薬『リュープリン』、消化性潰瘍治療剤『タケプロン』、降圧剤『ブロプレス』と糖尿病治療薬アクトスの国際戦略4製品のラインアップは強固でした。2008年に米ミレニアム・ファーマシューティカルズ、2011年にスイスのナイコメッドを買収し、がんと新興国市場への展開を急加速しました。両社の買収には約2兆円を投入しました。一方で国際戦略4製品の相次いだ特許切れは利益を直撃し、業績を立て直すために大幅なコスト削減を実施。現在は新製品のクローン病／潰瘍性大腸炎治療薬『エンティビオ』の大型化に期待が高まっています。

セグメント情報（2014年度）

（単位：億円，％）

	売上高	百分比	営業利益	百分比
医薬用医薬品	16,145	91	▲1,789	138
ヘルスケア	736	4	172	▲13
その他	897	5	324	▲25
計	17,778	100	▲1,293	100

（単位：億円，％）

	売上高	百分比
米国	4,261	24
欧州およびカナダ	3,253	18
ロシア／CIS	813	5
中南米	854	5
日本	7,128	40
アジア	1,114	6
その他	355	2
計	17,778	100

業績

2015年3月期に糖尿病治療薬アクトスの和解金3,241億円を引き当てたため通期で1,292億円の営業赤字を計上しました。2016年3月期以降は引当金の一巡により利益は平準化するものの、利

益水準はピーク時の半分にとどまります。エンティビオの大型化に拍車がかかりそうですが、2017年には多発性骨髄腫治療薬『ベルケイド』の特許が切れるため右肩上がりの業績回復は難しそうです。2015年12月の米国FDAから早期承認を得たベルケイドの後継品ニンラロの早期戦列化が待たれます。

業績推移1

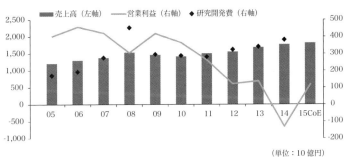

(単位：10億円)

業績推移2

(単位：10億円)

年度	11	12	13	14	15CoE
決算期	2012/3	2013/3	2014/3	2015/3	2016/3
売上高	1,508.9	1,557.3	1,691.7	1,777.8	1,820.0
営業利益	265.0	122.5	139.3	▲129.3	120.0
研究開発費	281.9	324.3	341.6	382.1	-
当期利益	124.2	131.2	106.7	▲145.8	68.0

注目の新薬動向

　ニンラロの早期承認は朗報でしたが、開発後期の新薬は枯渇しています。フェーズIIの『TAK-003』と『TAK-214』はデング熱とノロウイルスのワクチンです。いずれもアンメット・メディカル・ニーズの高いワクチンですが、欧米のワクチン大手と競合する領

域で楽観視はできません。自社創薬による底上げはもちろんですが、ライセンス・インによる新薬候補の獲得が不可欠です。新薬開発のターゲットをさらに絞り込んで、がんと消化器、ワクチンなどに特化する戦略の見直しが必要でしょう。

中期経営計画

▶持続的成長目標 2013 – 2017 年度　2013 年 5 月発表
　　売上高：年平均 1 桁台半ばの成長
　　営業利益：年平均 20% 以上の成長
　　配当金：2013 – 2015 年度まで年間 180 円を維持
▶ ProjectSummit　2013 年 11 月発表
　　FY17 までにコストを累計 1,000 億円削減

アステラス製薬（4503）

株価チャート

2014年までは医薬品セクターの株価パフォーマンスを牽引しましたが、2015年からは一転して不振に陥りました。株価のドライバーであった前立腺がん治療薬『イクスタンジ』の成長鈍化が懸念されています。また2019年に過活膀胱治療薬『ベシケア』と肺がん治療薬『タルセバ』の特許が満了するため、業績の先行きに対して黄色信号が点滅しました。自社株買いで株価を支えると同時に、今後の展望を示していくことが必要でしょう。畑中好彦社長には是非とも国内で常に最も高く評価される医薬品企業を目指してもらいたいです。

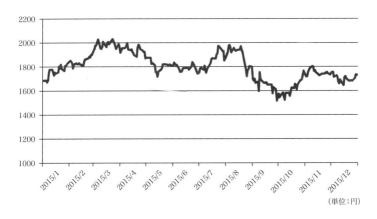

(単位：円)

会社紹介

2005年に当時の売上高で業界2位の山之内製薬と5位の藤沢薬品工業が合併して誕生しました。国内大手の合併のモデルケースとして注目されましたが、合併後に国内販売の低迷や

製造原価の上昇、新薬開発中断が続いたため、マネジメントの手腕が問われることになりました。現在は山之内製薬の強みであった泌尿器、循環器と消化器、藤沢薬品工業の強みであった感染症と免疫の領域で存在感を示すに至っています。OTCや非医薬品関連事業を売却し、医療用医薬品へ特化する体制になりました。

セグメント情報 (2014年度)

(単位：億円, ％)

	売上高	百分比
プログラフ	1,947	16
XTAN D I／イクスタンジ	1,372	11
ベシケア	1,352	11
その他	7,801	63
計	12,473	100

(単位：億円, ％)

	売上高	百分比
日本	4,884	39
米州	3,582	29
うち、米国	3,342	27
欧州	3,034	24
アジア・オセアニア他	973	8
計	12,473	100

業績

　前立腺がん治療薬イクスタンジの大型化がトップラインを牽引し、販促費と研究開発費を吸収しています。2018年3月期までの3期間を対象とする中期経営計画ではROE15％以上、売上高年平均成長率1桁台半ば、コア営業利益は売り上げを上回る成長率、コアEPSはコア営業利益を上回る成長率などを目標にしています。この3期間はイクスタンジに加えて、過活動膀胱治療剤ベシケア、『ベタニス』といった主力製品が伸長します。足元の業績は好調ですが、2019年のベシケアとタルセバの海外での特許切れ

対策が急務となっています。

業績推移1

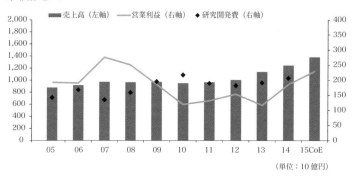

(単位：10億円)

業績推移2

(単位：10億円)

年度	11	12	13	14	15CoE
決算期	2012/3	2013/3	2014/3	2015/3	2016/3
売上高	969.4	1,005.6	1,139.9	1,247.3	1384.0
営業利益	131.5	153.9	116.8	185.7	229.0
研究開発費	189.8	182.0	191.5	206.6	-
当期利益	78.2	82.9	90.9	135.9	172.0

注目の新薬開発動向

引き続き新薬開発パイプラインの拡充は課題。急性骨髄性白血病治療薬『ASP2215 (gilteritinib)』が国内で先駆け審査に指定され、グローバルフェーズⅢ入りしたことは朗報です。ただし2019年のベシケアとタルセバのパテントクリフを乗り越えるためにはまだ不十分。米ベンチャー企業オカタの買収で眼科再生医療分野へ展開しますが、その成否はまだ未知数です。

よくわかる医薬品株

中期経営計画

▶「Building Resilience for Sustainable Growth」2015 年 5 月発表
　　ROE：15%以上
　　連結売上高：年平均成長率（%）は 1 桁台半ば
　　コア営業利益：売上げを上回る年平均成長率
　　研究開発費：対売上高 17% 以上
　　コア EPS：コア営業利益を上回る年平均成長率
　　DOE：6% 以上

第7章 主要銘柄を紹介

大日本住友製薬（4506）

株価チャート

　多田正世社長の個性とリーダーシップが株価を押し上げたことは確実です。米国で発売した統合失調症治療薬『ラツーダ』の売り上げが順調に伸びたことも好材料でした。さらに米ボストン・バイオメディカルを買収し、がん幹細胞に作用する抗がん剤BBI608『ナパブカシン』を獲得したことで株価も上昇しました。一方で2019年には米国でラツーダの独占販売期間が終了し、ジェネリックの参入が予想されます。収益環境が厳しくなるなかで、ポスト・ラツーダとなる新製品の開発が急務です。当面はBBI608の開発の成否などに株価は大きく影響されるでしょう。

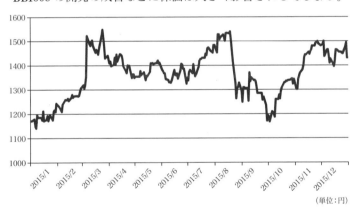

（単位：円）

会社紹介

　2005年に大日本製薬と住友製薬が合併して、大日本住友製薬が発足しました。親会社の住友化学が50.1％の株式を保有します。中堅クラスの合併で売り上げ拡大と新薬候補品の確保など、規模

を追求した合併でした。大日本製薬は循環器、中枢神経、消化器領域に強く、住友製薬は感染症領域に強いということで補完効果も高いと思われました。米国で統合失調症治療薬『ルラシドン』を自社販売するために米セプラコール（現米サノビオン・ファーマシューティカルズ）を買収し、がん領域へ展開するためにボストン・バイオメディカルを買収し米国事業を急速に立ち上げました。海外売上高比率は47％に達しています。

セグメント情報 (2014年度)

（単位：億円，％）

	売上高	百分比	営業利益	百分比
医薬品事業	3,307	89	924	98
その他	407	11	22	2
計	3,714	100	946	100

（単位：億円，％）

	売上高	百分比	営業利益	百分比
医療品事業	3,307	89	924	98
うち、日本	1,566	42	506	53
うち、北米	1,482	40	347	37
うち、中国	171	5	62	7
うち、海外その他	88	2	8	1
その他	407	11	22	2
計	3,714	100	946	100

注：研究開発費をグローバルに管理しているため、セグメントに配分しておらず、営業利益は研究開発費控除前

業績

ラツーダとCOPD治療薬『ブロバナ』が伸長し、米国事業は好調に推移しています。国内事業は降圧剤『アムロジン』や消化管運動促進剤『ガスモチン』などの長期収載品がジェネリックの攻勢を受けて苦戦しています。2019年に米国でラツーダの特許期間が切れるため、その対策を急ぐ必要があります。中期経営計画で掲げた2017年度の売上高4,500億円、営業利益800億円の目標値への途中ラップは大幅未達となっており、その行方が気になります。

業績推移1

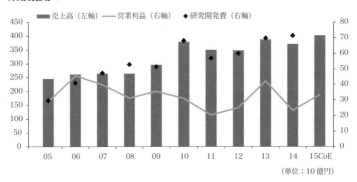

(単位:10億円)

業績推移2

(単位:10億円)

年度	11	12	13	14	15CoE
決算期	2012/3	2013/3	2014/3	2015/3	2016/3
売上高	350.4	347.7	387.7	371.4	403.0
営業利益	20.4	25.0	42.1	23.3	33.0
研究開発費	56.9	59.8	69.8	71.3	-
当期利益	8.6	10.0	20.1	15.4	23.0

注目の新薬開発動向

　がんの幹細胞に作用するとして期待されたBBI608は単剤投与試験が中断され、その最終解析を待っている状況です。非アルコール性肝炎治療薬『DSP-1747』、SanBioから導入した脳梗塞治療薬『SB623』、COPD治療薬『SUN-101』などが注目される新薬開発プロジェクトです。バイオベンチャーのヘリオスや理化学研究所と提携した加齢性黄斑変性症や他家iPS細胞を使った再生医療へも取り組んでいますが、総じてハイリスク・ハイリターン型の研究開発といえます。

よくわかる医薬品株

中期経営計画

▶「2013－2017年度 第三期中期経営計画 —イノベーションへの
新たな挑戦」

2013年2月発表、2014年1月修正発表

【2017年度数値目標】

売上高：4,500億円うち医薬品事業4,000億円

営業利益：800億円

EB ITDA：1,100億円

研究開発費：850億円

※税金、支払利息、減価償却費控除前利益、為替レート
100／＄で算出

第7章　主要銘柄を紹介

塩野義製薬（4507）

株価チャート

　抗HIV薬『テビケイ／トリーメク』の英GSK（グラクソ・スミスクライン）／ViiV（ヴィーブ・ヘルスケア）との協業で成功を収めました。高脂血症治療薬『クレストール』の特許切れを克服しつつあるということで過去1年間の株価パフォーマンスは際立ちました。今後は米国事業の拡充、国内事業の収益改善が株価のカタリストになるでしょう。手代木功社長の次の一手が注目されます。

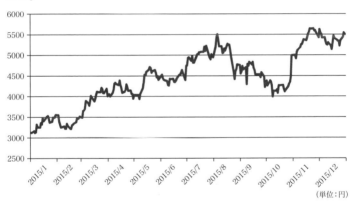

（単位：円）

会社紹介

　創業から抗生物質の大手として感染症領域で国内最強の称号を得ていましたが、それが仇となり脱抗生物質が課題となりました。1980年代に見いだした高脂血症治療薬クレストールを英アストラゼネカへ導出し、その戦略が奏功し多額のロイヤルティーを手にしました。2008年に米国で約14億㌦で買収した米サイエルは

失敗でしたが、そこから抗HIV薬の開発進展とGSK／ViiVへの導出や、アストラゼネカとのクレストールのロイヤルティ契約の見直しを有利に進めるなど、状況は好転しました。

業績

業績は好調です。高脂血症治療薬クレストールの特許切れ（米国2016年7月，日本2017年12月）を乗り切るための施策が相次いで奏功しました。アストラゼネカとクレストールのロイヤルティ率の変更などで合意し、特許切れの影響を薄めました。さらにGSKの抗ウイルス／HIV薬専門の子会社ViiVへ抗HIV薬テビケイ／トリーメクを導出し、その対価としてViiVへ10%出資し年間100億円を上回る配当金を受け取る権利を得ました。海外からのロイヤルティに依存する体質は急には変わりませんが、国内も抗うつ剤／疼痛治療薬『サインバルタ』などの収益拡大で徐々に改善しています。

業績推移1

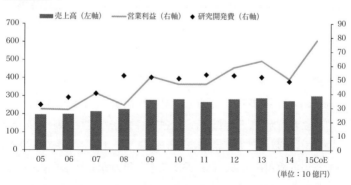

（単位：10億円）

第7章　主要銘柄を紹介

業績推移 2

（単位：10億円）

年度	11	12	13	14	15CoE
決算期	2012/3	2013/3	2014/3	2015/3	2016/3
売上高	267.3	282.9	289.7	274.0	301.5
営業利益	47.0	58.8	63.6	50.4	78.0
研究開発費	53.6	53.0	51.9	48.9	-
当期利益	27.1	66.7	41.8	44.1	59.0

注目の新薬開発動向

　次の注目新薬としてグローバルで申請中のオピオイド投与に伴う消化器症状治療薬『S-297995』、国内フェーズⅢのADHD治療薬『S-877489』に加えて、今回導出先のヤンセンファーマがグローバルフェーズⅡ／Ⅲへ進展させたアルツハイマー型認知症治療薬『βセレクターゼ阻害薬』などがあります。

　また、国内フェーズⅠのA型またはB型インフルエンザウイルス感染症治療薬「S-033188」は、画期的な医薬品などを世界に先駆けて実用化するために承認までの審査期間を大幅に短縮する「先駆け審査指定制度」に、初めて指定を受けた6品目のうちの一つです。

中期経営計画

▶2017年度の位置づけ—中核事業を進化させ、更なる成長軌道へのせる

　【2015 – 2017年度定量目標】

　　売上高：3,500億円

　　経常利益：900億円

　　ROE：12%

よくわかる医薬品株

【2018 – 2020 年度定量目標】
　売上高：5,000 億円
　経常利益：1,250 億円
　ROE：15%

第7章 主要銘柄を紹介

田辺三菱製薬 (4508)

株価チャート

　株価は2,000円前後を推移しており、2,200円の壁を超えられずにいます。これまでの抗リウマチ薬『レミケード』へ依存する収益体質の転換が課題です。レミケードに続く収益柱を構築していけば株価は上昇していくと思われます。三津家正之社長は2015年11月30日に発表した中期経営計画2016-2020で米国市場への進出を収益機会の拡大の一つとして打ち出しました。一方で国内では人員の適正化を進めていますが、まだ経営改革の余地は多く残されています。

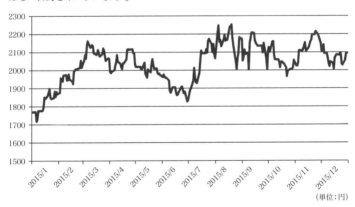

(単位:円)

会社紹介

　2007年に田辺製薬と三菱ケミカルホールディングス傘下にあった三菱ウェルファーマが合併し、田辺三菱製薬が誕生しました。三菱ケミカルホールディングスは田辺三菱製薬の56.3％の株式を保有しています。合併の背景には国内医薬品事業の基盤強化、

新薬開発パイプラインの整備と海外展開というニーズが合致したためでしょう。当初は三菱グループの中核メンバーとしてライフサイエンス事業に取り組むという憶測もありましたが、現時点では具体化していません。発足してから旧ミドリ十字の血漿分画製剤事業に関して業務改善を迫られたことも影響しているでしょう。その血漿分画製剤事業も2015年に分離、譲渡が完了しました。

セグメント情報（2014年度）

（単位：億円, %）

	売上高	百分比
日本	3,372	81
欧州	486	12
アジア	172	4
北米	117	3
その他	4	0
計	4,151	100

業績

主力の抗リウマチ薬レミケードの浮沈に業績は影響されます。2016年4月の薬価改定でレミケードは新薬創出加算分の引き下

業績推移1

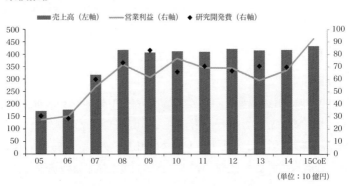

（単位：10億円）

業績推移2

(単位：10億円)

年度	11	12	13	14	15CoE
決算期	2012/3	2013/3	2014/3	2015/3	2016/3
売上高	407.2	419.2	412.7	415.1	429.0
営業利益	69.0	69.0	59.1	67.1	92.0
研究開発費	70.2	66.5	70.4	69.6	-
当期利益	39.0	41.9	45.4	39.5	53.0

げを受けます。2016年3月末へ向けて国内人員の削減を進めました。国内で脳梗塞治療に使われている『ラジカット』は、日米でALS（筋委縮性側索硬化症）への適応拡大が進み、新たなポテンシャルが生まれますが、収益への貢献は2017年以降になりそうです。様々な取り組みを介して業績の下支えを図ることになります。

注目の新薬開発動向

米バイオジェンへ導出した多発性硬化症治療薬『MT-1303』の開発を通じて、米国事業展開の足掛かりにするとともに、バイオジェンの意思決定や開発のスピードの速さを学習する機会ととらえています。また三菱グループのなかで、医療機器／デバイス融合医薬品や核酸医薬などの分野で新たな考え方を取り入れ、提携や協業を通じて収益機会を拡大する方針のようです。

中期経営計画

▶Open Up the Future—医療の未来を切り拓く
2016/4 – 2021/3
研究開発費4,000億円投資し、ワールドワイドに展開可能な新薬を上市

よくわかる医薬品株

国内医薬品の売上高 3,000 億円、新薬および重点品売上高比率 75%（医薬用医薬品）
米国事業の本格展開、海外売上高 2,000 億円（海外売上高比率 40%、導出品 RR /MS 含む）
従業員国内連結 5,000 人体勢、売上原価、販管費 200 億円削減
数値計画（2020 年度、IFRS ベース）
売上高：5,000 億円
コア営業利益：1,000 億円

第7章　主要銘柄を紹介

中外製薬 (4519)

株価チャート

　経営スローガンに掲げた国内最強の医薬品企業を目指すべく、株価は高い評価を得てきたといえます。しかし2016年度業績予想が抗がん剤『アバスチン』の特例市場再算定で厳しくなり、2016-2018年度の新中期経営計画にも重石となりました。株価は大きく売り込まれた水準となり、歴史的にみれば最安のバリューエーションにあります。新薬開発パイプラインもスイスのロシュとの協業で整備され、積み上がった現預金も保有しています。小坂達朗社長には企業価値を高めるための経営努力を強く求めたいです。

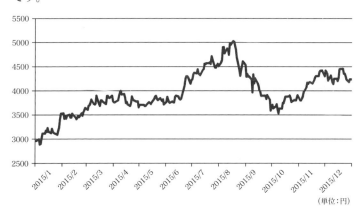

(単位：円)

会社紹介

　2002年にロシュの傘下に入り、国内最強の医薬品企業を目指すというキャッチフレーズは現実になりそうです。とくに、がん領域では他社の追随を許さず、抗体改変技術ではロシュからも一

173

よくわかる医薬品株

目置かれる存在になったようです。今後の課題は独自の海外展開、金融資産の有効活用と株主還元、など前向きの対応、対処が求めらます。

セグメント情報（2015年度）

（単位：億円，％）

	製品売上高	百分比	ロイヤリティ及びその他の営業収入	百分比	合計	百分比
日本	3,862	82	38	12	3,900	78
海外	822	18	266	88	1,088	22
うち、スイス	631	13	266	87	896	18
計	4,684	100	304	100	4,988	100

業績

新製品の抗がん剤『パージェタ』と『カドサイラ』、『アレセンサ』などが伸長と抗リウマチ薬『アクテムラ』の輸出増加などで、スイスフラン高によるロシュ製品の原価上昇を吸収しながら安定した収益水準を維持してきました。薬価改定の影響もあり2016年度から業績的には踊り場となりますが、国内最強の医薬

業績推移1

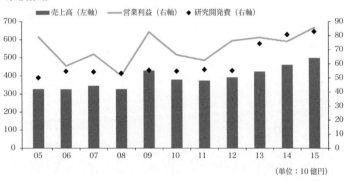

（単位：10億円）

業績推移 2

(単位：10億円)

年度	11	12	13	14	15
決算期	2011/12	2012/12	2013/12	2014/12	2015/12
売上高	373.5	391.2	423.7	461.1	498.8
営業利益	62.4	76.4	78.7	75.9	86.8
研究開発費	55.9	55.1	74.3	80.8	83.8
当期利益	35.2	48.2	50.9	51.0	61.6

品企業への歩みは緩まないでしょう。当面は営業利益1,000億円達成がベンチマークになります。中期の数値目標は達成が必須でしょう。

注目の新薬開発動向

　2016年に申請予定の抗PD-L1抗体『アテゾリズマブ』、2017年申請予定の血友病治療薬『ACE910』、アトピー性皮膚炎治療薬／抗IL-31抗体の『CIM331』などが有望新薬。アテゾリズマブは小野薬品工業の抗PD-1抗体オプジーボと国内のがん免疫療法の市場を二分する可能性があります。また2016年中にシンガポールで手掛けている抗体改変研究から二つの新規抗体医薬品候補が臨床試験入りする模様です。

中期経営計画

▶新中期経営計画「IBI18」2016年1月発表
　【2018年度数値目標】
　　具体的な数値目標なし
　定量ガイダンス
　　Core EPS年平均成長率（CAGR）（2015－18）
　　Low single digit（～3％台）
　　　※2015年平均為替レートでの一定ベース

よくわかる医薬品株

エーザイ（4523）

株価チャート

　内藤晴夫社長の号令の下、抗アルツハイマー薬『アリセプト』と抗潰瘍剤『パリエット／アシフェックス』で「アリ・パリ」黄金期を築きましたが、今は両剤の特許失効後のパテント・クリフに苦しんでいます。株価にとっての光明は次世代のアルツハイマー型認知症の治療薬『BAN2401』と『E2609』のフェーズⅡが進行中であることと、米バイオジェンがフェーズⅢで開発中のBIIB037『Aducanumab』の共同製品化権を保有していることです。この千載一遇ともいえるチャンスをものにできるかどうか、エーザイの将来がかかっているといえるでしょう。

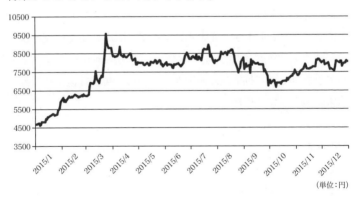

(単位：円)

会社紹介

　医薬品企業の栄枯盛衰を体現しているのがエーザイ。2000年台は黄金期です。アルツハイマー型認知症治療薬アリセプトと消化性潰瘍剤パリエット／アシフェックスという二つの自社開発品がグローバルで大型化し、売上高1兆円企業、営業利益1,000億

円という飛ぶ鳥を落とす勢いのある企業となりました。しかしアリセプトの特許切れとともに業績は失速し、現在は巻き返しを図るべく様々な戦略的オプションを実行している段階です。

セグメント情報（2014年度）

（単位：億円，%）

	売上高	百分比
医薬品事業	5,257	96
うち、日本	2,784	51
うち、アメリカス	1,198	22
うち、中国	410	7
うち、アジア	309	6
うち、EMEA	385	7
うち、薬粧-日本	170	3
その他	228	4
計	5,485	100

（単位：億円，%）

	売上高	百分比
アリセプト	657	12
パリエット	560	10
がん関連領域製品	986	18
その他	3,282	60
計	5,485	100

業績

　日米欧で大幅なリストラ、人員削減を実施してきましたが、足元の業績は厳しいことに変わりはありません。しかし、戦略的オプションと呼ぶノンコア資産売却などで、一定水準の利益とキャッシュフローを確保する方針です。次世代アルツハイマー型認知症治療薬の開発へ経営資源を集中的に投下するようです。

注目の新薬開発動向

　エーザイの存亡はフェーズⅡ段階にある二つのアルツハイマー型認知症治療薬（抗Aβプロトフィブリル抗体BAN2401、BACE阻害薬E2609）と、共同開発権を有するバイオジェンの抗Aβ抗

業績推移1

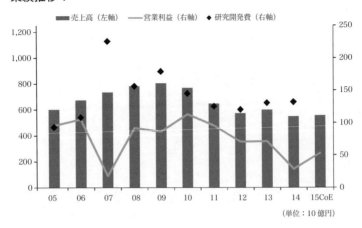

(単位：10億円)

業績推移2

(単位：10億円)

年度	11	12	13	14	15CoE
決算期	2012/3	2013/3	2014/3	2015/3	2016/3
売上高	648.0	573.7	600.4	548.5	556.5
営業利益	95.7	70.5	71.1	28.3	51.0
研究開発費	125.1	120.4	130.5	131.9	-
当期利益	58.5	48.3	33.0	43.3	37.0

体BIIB037（aducanumab，フェーズⅢを開始）の開発成否にかかっています。そのなかで次の試金石となるのは2016年前半に予定されているBAN2401のフェーズⅡ中間解析の結果発表です。

また2016年3月3〜4日に開催された毎年恒例の内藤社長のインフォメーションミーティングでは新中期経営計画「E-Way2025」を発表しました。そのなかで2020年度までに売上収益8,000億円以上、営業利益を現状の510億円から2倍以上に引き上げる計画と、2025年度までの長期戦略構想を打ち出しま

第7章　主要銘柄を紹介

した。内藤社長は壮大なチャレンジへ向けて再び舵を切ったようです。

中期経営計画

▶「E-WAY 2025」2016 年度‒2020 年度　2016 年 3 月発表
　売上収益：5,565 億円 (2015 年度見通し)
　　→ 8,000 億円以上 (2020 年度目標)
　営業利益：510 億円 (2015 年度見通し)
　　→ 2 倍以上 (2020 年度目標)
　当期利益：370 億円 (2015 年度見通し)
　　→ 2 倍以上 (2020 年度目標)
　リージョン別CAGR：連結 約 8%、EMEA 約 14%、アジア 約
　　10%、中国 約 12%、アメリカス 約 15%、日本 約 3%
　疾患領域別CAGR：オンコロジー領域 約16%、ニューロロジー
　　領域 約 12%
　オンコロジー領域とニューロロジー領域の売上比率 46% (2015
　年度見通し) → 60% (2020 年度目標)
　　※CAGRは年平均成長率(compound annual growth rate)、日
　　本のCAGRは薬粧事業の売上含む

よくわかる医薬品株

小野薬品工業（4528）

株価チャート

2015年の株価はわが世の春ともいえるような高いパフォーマンスを上げました。がん免疫療法治療剤『オプジーボ』の国内外における注目度の高まりと、利益貢献が株価を押し上げました。この傾向は2016年以降も続くと思われます。オプジーボはプロスタグランジン製剤の小野薬品工業というイメージを一新させました。今後はオプジーボ以外の収益柱の育成をすすめたいところです。相良暁社長は医薬品業界では数少なくなった営業畑出身の社長ですが、小野薬品工業を特色ある研究開発型の新薬メーカーへ大きく育てることが課題です。

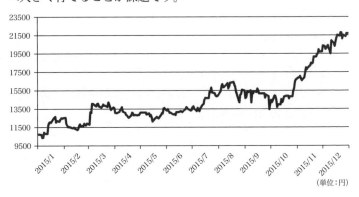

（単位：円）

会社紹介

生理活性物質『プロスタグランジン』（PG）を世界で初めて化学合成し、PG中心の研究開発で成果を上げてきました。その過程で研究開発に「化合物オリエント」という発想を持ち込みました。化合物オリエントとは糖尿病や高血圧などの疾患をターゲッ

第7章　主要銘柄を紹介

トにするのでなく、PGをベースにした新規化合物を合成して、その化合物が何に効果を示すかを探していく手法です。化合物がヒットすれば新規性の高い新薬候補となります。失敗する確率も高く、開発中止が相次いだため一時は長期収載品比率が90％を超したこともありました。現在は自社開発の抗PD-1抗体オプジーボの戦列化によりV字回復へ向かっています。

セグメント情報（2014年度）

（単位：億円, ％）

	売上高	百分比
製品商品売上収益	1,249	92
循環呼吸器官系薬剤	501	37
代謝性薬剤	433	32
消火器官系薬剤	147	11
神経系薬剤	61	5
泌尿器官系薬剤	47	3
組織細胞機能用薬剤	23	2
化学療法、ホルモン剤他	8	1
その他薬剤	28	2
ロイヤルティ・その他	109	8
計	1,357	100

（単位：億円, ％）

製品商品売上収益内訳	売上高	百分比
日本	1,230	98
欧州	4	0
アジア	15	1
計	1,249	100

業績

　オプジーボの利益貢献により業績が急ピッチで改善、続伸するという見方です。国内でオプジーボは悪性黒色腫に続いて、肺がん適応（非小細胞肺がんの扁平上皮がんと非扁平上皮がん）が承認、発売されました。2016年前半に国内申請中の『カルフィゾミブ』が多発性骨髄腫の適応で承認される可能性が高く、海外からのオプジーボのロイヤルティが販売パートナーの米ブリストル・

業績推移1

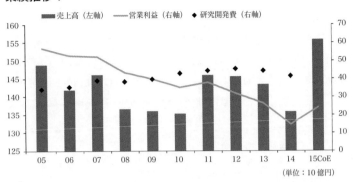

(単位:10億円)

業績推移2

(単位:10億円)

年度	11	12	13	14	15CoE
決算期	2012/3	2013/3	2014/3	2015/3	2016/3
売上高	145.8	145.4	143.2	135.8	156.0
営業利益	37.9	31.9	26.4	14.8	24.0
研究開発費	44.4	45.4	44.4	41.5	-
当期利益	24.4	24.1	20.4	13.0	18.6

マイヤーズスクイブの売り上げ拡大で想定以上に増加する可能性もあります。

注目の新薬開発動向

オプジーボの各種がんへの適応拡大が国内で順調に進展しており、腎、頭頸部、胃、食道、小細胞肺がんがフェーズIII段階にあります。国内では海外との比較で患者数が多い胃と食道がんへの適応拡大が注目されます。

参天製薬 (4536)

株価チャート

　2015年は買収した米メルクの眼科事業の利益貢献が引き続き顕在化する一方、リウマチ事業譲渡に伴う売却資金約450億円を獲得しました。加齢性黄斑変性症、緑内障、ドライアイなど眼科領域はQOLに直結する疾患が多く、治療ニーズも高いことから、株価にはプレミアムが付与されてもおかしくありません。しかし世界の参天製薬へ脱皮するためには、やはり未開拓の米国市場をどう攻めるかが大きな課題です。黒川明社長がどのような決断を下すのか注目されます。

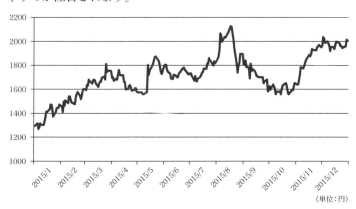

(単位：円)

会社紹介

　国内の眼科薬最大手。基本理念「天機に参与する」に基づき、長期経営ビジョンで2020年までに「世界で存在感のあるスペシャリティー・カンパニーの実現」を掲げています。2017年度までの中期経営計画の基本方針として、製品創製、アジア・欧州での事

よくわかる医薬品株

業成長、人材育成とグローバル・マネジメント体制の強化を目指しています。欧州と中国では事業基盤を築いていますが、米国展開は積年の課題です。国内の抗リウマチ薬事業の売却で獲得した資金の有効活用も課題です。企業買収や製品導入、株主還元の拡充などが選択肢です。

セグメント情報（2014年度）

（単位：億円，%）

	売上高	百分比
医薬品	1,593	98
医薬用医薬品	1,526	94
眼科薬	1,361	84
抗リウマチ薬	96	6
その他医薬品	69	4
一般用医薬品	67	4
その他の事業	26	2
医療機器	23	1
その他	2	0
計	1,618	100

（単位：億円，%）

	売上高	百分比
日本	1,248	77
欧州	142	9
北米	62	4
アジア	167	10
その他	0	0
計	1.618	100

業績

業績は好調です。直近でリウマチ事業譲渡に伴う現金収入450億円を計上しました。本業では国内の加齢性黄斑変性症治療などに使われるアイリーアが引き続き大幅に伸長し、欧州では米メルクから買収した製品群が円安効果もあり収益貢献する格好です。2016年度薬価改定でアイリーアが市場拡大再算定の対象となり13％の薬価引き下げを受け、踊り場になることが考えられます。中長期的には国内は高齢化進展で眼科領域のニーズが高まること

と、海外には市場開拓余地が残されていることなどで、業績の伸びしろはまだ残されています。

業績推移1

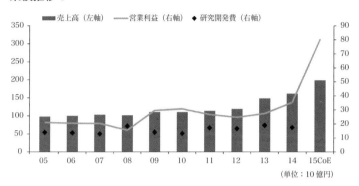

(単位：10億円)

業績推移2

(単位：10億円)

年度	11	12	13	14	15CoE
決算期	2012/3	2013/3	2014/3	2015/3	2016/3
売上高	114.4	119.1	148.7	161.8	197.5
営業利益	26.7	24.7	27.4	35.4	80.0
研究開発費	17.2	16.7	19.0	17.5	-
当期利益	17.2	16.5	17.1	24.0	53.0

注目の新薬開発動向

　米国でフェーズⅢを実施中のぶどう膜炎治療薬『シロリムス』の開発進展、自社開発の加齢性黄斑治療薬『DE-120』と『DE-122』の開発進捗が注目されます。とくに加齢性黄斑変性症は導入品のアイリーアから自社開発品のDE-120とDE-122へ切り替われば粗利ベースで採算が大きく改善する可能性があります。

よくわかる医薬品株

中期経営計画

▶2014 − 2017 年度中期経営計画「世界で存在感のあるスペシャリティ・カンパニー」、2014 年 8 月発表

【2017 年度数値目標】

売上高：2,050 億円以上

営業利益：450 億円以上

当期利益：310 億円以上

研究開発費：210 億円程度

配当性向：40%

第7章 主要銘柄を紹介

ツムラ（4540）

株価チャート

2015年の株価は期待と不安が交錯したようなパフォーマンスでした。国内の漢方薬売上高が伸びるなか、中国で漢方薬の原料生薬の市況が下落し、人民元安なども加わり、ツムラの業績への好循環が生じました。ただし生薬の市況や為替などの外部環境に大きく影響されないように、国内の漢方薬市場をエビデンスに基づいて育成していくことが今後の最重要課題です。加藤照和社長が次期中期経営計画で打ち出す戦略が注目されます。

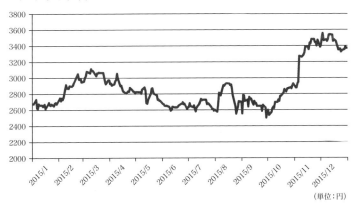

（単位：円）

会社紹介

医療用漢方薬の最大手。1990年代半ばに小柴胡湯の副作用問題で倒産危機に陥りましたが、1995年に創業家出身の風間八左衛門社長が就任し、経営再建へ動きだします。国内の根強い漢方薬需要の裾野を拡大するために、漢方薬のエビデンスを確立していく育薬の推進が奏功しました。2008年にバスクリンなどの家

庭用品事業を売却し、医療用漢方薬事業に経営資源を集中しました。

業績

高価格の生薬原料による原価上昇の圧力は続きますが、医療ニーズに即した漢方薬の販促活動とコスト管理で難局を乗り切ることが可能となってきました。2018年頃には中国国内の自社管理下で生産する生薬がコストダウンに寄与します。足元の漢方薬需要には高齢者の体調管理に漢方薬が処方されることや、アレルギーや風邪処方なども定番として寄与しています。漢方薬の効果

業績推移1

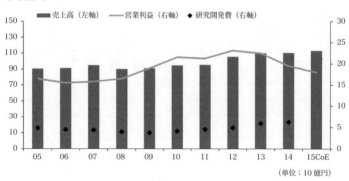

(単位：10億円)

業績推移2

(単位：10億円)

年度	11	12	13	14	15CoE
決算期	2012/3	2013/3	2014/3	2015/3	2016/3
売上高	95.5	105.6	110.1	110.4	113.0
営業利益	21.2	23.1	22.5	19.5	18.0
研究開発費	4.6	4.9	5.9	6.3	-
当期利益	13.4	15.4	18.1	14.1	12.2

のようにじっくりと需要が拡大するイメージです。『葛根湯』や『五苓散』といった汎用的に使う処方が増加することで、漢方薬の良さが医療現場でも再認識されています。

注目の新薬開発動向

　医療用漢方薬には新製品やジェネリックの参入が難しいため、自然の参入障壁となっています。ツムラの研究開発は新薬開発ではなく漢方薬の作用メカニズムの解析や、生薬の残留農薬や不純物の測定といった安全性と品質向上が主な目的です。生薬の栽培技術の向上なども研究開発の一環です。

中期経営計画

▶「"KAMPO"で人々の健康に寄与する価値創造企業を目指して」2012年11月発表
価値創造に向けた成長基盤の強化
　(1)漢方市場の拡大—日本国内における医療用漢方製剤市場の拡大
　(2)収益力の強化—新生産技術の導入による「コスト構造改革」の実現
　(3)財務・資本政策—財務・資本政策の遂行による企業価値の拡大
【2015年度数値目標】
　売上高：1,230億円
　営業利益：295億円
　売上高営業利益率：24%
　当期利益：190億円
　EPS：269円
　ROE：14%

沢井製薬（4555）

株価チャート

　この1年間の株価パフォーマンスは冴えなく終わりました。2015年は薬価改定の端境期ということもありジェネリックにとっては波風が少ない1年となるはずでした。ところが2020年までにジェネリックの数量シェアを80％まで引き上げるという方向性が示されたことで、安定供給へ向けた体制作りを前倒しで行うことが必要になりました。またこの1年間は武田薬品工業の降圧剤『ブロプレス』や仏サノフィの抗血小板剤『プラビックス』の日本版オーソライズドジェネリック（AG）が注目を集めました。沢井製薬は今後の設備投資計画やAG戦略を練り直すことを迫られています。澤井光郎社長の舵取りが重要になってきます。

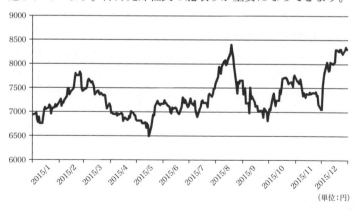

（単位：円）

会社紹介

　ジェネリックの最有力メーカー。日医工、東和薬品と国内では専業大手3社と称されます。政府のジェネリック使用促進策によ

り国内のジェネリックの使用量は過去10年間で30％以上増加しました。2015年9月末時点での数量シェアは56％ですが、これを政府は2017年央までに数量シェア70％以上、2018年度から2020年度までの早い時期に80％以上へ引き上げる方針です。沢井製薬は現時点では数量シェア70％体制へ向けて生産能力の増強に取り組んでいます。テレビコマーシャルでお馴染みの「なによりも患者さんのために」を理念に掲げています。

業績

2016年4月からジェネリックの新製品の薬価は、先発品の5掛け（銘柄数が10以上の時は6掛け）となることが決まりました。また既存品の薬価引き下げも平均15％を上回り厳しくなる可能性があります。目先の業績は価格下落圧力と数量増のバランスで決まってきます。2020年度へ向けて国内の数量シェアの推移、数量シェア80％達成へ向けたインセンティブ導入、それに伴う設備投資や人材確保、薬価制度の見直し、などの状況次第でジェ

業績推移1

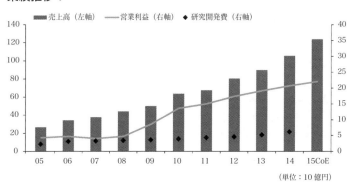

（単位：10億円）

よくわかる医薬品株

業績推移 2

(単位：10 億円)

年度	11	12	13	14	15CoE
決算期	2012/3	2013/3	2014/3	2015/3	2016/3
売上高	67.6	80.5	89.8	105.5	124.0
営業利益	15.0	17.4	19.1	20.7	22.0
研究開発費	4.3	4.6	5.2	6.1	-
当期利益	9.0	12.0	12.2	14.1	15.5

ネリック各社の業績は影響されます。生産能力増強のための設備投資が一巡し、収益を拡大していく環境が整うまでは生みの苦しみとなる可能性もあります。

注目の新薬開発動向

2016 〜 2017 年にかけて新製品は統合失調症治療薬『ジプレキサ』、肺動脈性高血圧症治療薬『トラクリア』、高脂血症治療薬『クレストール』、抗喘息薬『キプレス／シングレア』、降圧剤『オルメテック』などのジェネリックが承認、発売される見通しです。口腔内崩壊錠や錠のサイズを小さくしたりする剤形改善による患者コンプライアンスの改善も重要な研究開発になっています。

中期経営計画

▶「M1 TRUST 2018」(FY3/16 – FY3/18)　2015 年 5 月発表
「市場環境激変の中で成長を続けられる企業体質」への変革
2016/3 – 2018/3
【2018 年 3 月期数値目標】
　売上高：1,470 億円
　営業利益：250 億円

第 7 章　主要銘柄を紹介

(1)ジェネリック市場における No.1 シェアの堅持
　・ジェネリックシェア増加：13.6%→15.3%（数量ベース）
　・売上高伸張率：年平均 11.7%
(2)市場の環境変化に対応した安定供給能力とコスト管理能力
　の強化
　・生産能力：100 億錠体制→155 億錠体制
　・設備投資：440 億円の設備投資を実行
　・原材料の購入コスト低減
(3)更なる成長へ向けた新規領域の事業基盤の構築
　・海外事業の基盤構築
　・バイオシミラー事業拡大に向けたビジネスモデルの検討

よくわかる医薬品株

第一三共 (4568)

株価チャート

　印ランバクシー・ラボラトリーズ買収の呪縛から解き放たれた1年でした。ランバクシー譲渡により取得した印サン・ファーマの株式を売却し、得た資金のうち約500億円で自社株買いを実施、市場は好感し株価も上昇しました。実業面では米国で発売した抗凝固剤『サベイサ』が低空飛行を続けていますが、国内の好調などで補い、株価は均衡を保っています。第一三共は3月31日に中期経営計画の修正版を発表する予定です。本稿が出版されるころには中期計画の内容は明らかになっていますが、中山譲治社長にとってはランバクシー問題を自らの手で解決し、どこまで独自色を打ち出せるかが焦点でしょう。

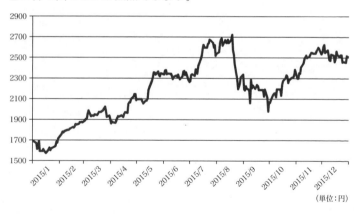

(単位:円)

会社紹介

　2005年に業界3位の三共と同4位の第一製薬が経営統合で合意し、2007年4月に両社が合併して第一三共として発足しました。

第 7 章　主要銘柄を紹介

循環器や代謝系、感染症などの主要な医家向け領域を手掛けるとともに、総合ヘルスケア企業を目指すためにアステラス製薬からOTCゼファーマを買収しました。そして2008年にインド最大の医薬品企業で、世界でも有数のジェネリックメーカーであったランバクシー・ラボラトリーズの発行済み株式数51％を取得し経営傘下に収めました。しかしランバクシー・ラボラトリーズの買収は失敗に終わり、2015年にインドのジェネリック企業サン・ファーマへランバクシーの持分を譲渡しました。譲渡に伴いサン・ファーマとの株式交換で得た株式を売却し3,785億円の現金を入手したのはせめてもの救いとなりました。ランバクシー問題を処理したことで、現在は戦略と体制を再構築中です。2016年3月31日に次期中期経営計画を公表するようです。

セグメント情報（2014年度）

（単位：億円，％）

	売上高	百分比
医療用医薬品	8,688	94
ヘルスケア	28	5
その他		0
計	9,194	100

（単位：億円，％）

	売上高	百分比
日本	5,270	57
北米	2,366	26
欧州	851	9
インド	0	0
その他	706	8
計	9,194	100

業績

　2016年10月に米国で降圧剤『ベニカー』の独占販売期間が終了するため、その影響が一巡する2018年3月期まで減益基調となるでしょう。米国で抗凝固剤サベイサの売り上げが伸び悩むな

か、同社は米国での人員削減でコストカットに着手しました。依然として経費適正化の余地はあるとみられます。向こう3期間の中期経営計画でも営業利益1,000億円、EPS95円程度を確保することが主眼になると思われます。

業績推移1

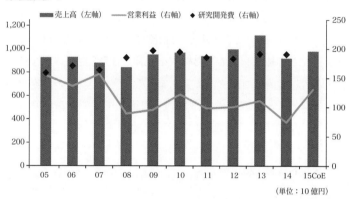

(単位：10億円)

業績推移2

(単位：10億円)

年度	11	12	13	14	15CoE
決算期	2012/3	2013/3	2014/3	2015/3	2016/3
売上高	938.7	997.9	1,118.2	919.4	980.0
営業利益	98.2	100.5	111.6	74.4	130.0
研究開発費	185.1	183.0	191.2	190.7	-
当期利益	10.4	66.6	60.9	322.1	75.0

注目の新薬開発動向

　血栓症、糖尿病、疼痛とがんの4領域にフォーカスしています。グローバル展開はがんと疼痛の2領域の成否にかかっています。疼痛は申請準備中の『CL-108』と線維筋痛症でフェーズⅢ進行中

の『ミロガバリン』が主力候補。一方がん領域ではフェーズⅢの急性骨髄白血病治療薬『キザルチニブ』、肝がん治療薬『チバンチニブ』、腱滑膜巨細胞腫『ペキシダルチニブ』とフェーズⅡ／Ⅲの非小細胞肺がん治療薬『パトリツマブ』の4剤が2015年12月の研究開発説明会で取り上げられました。いずれも最終段階の臨床試験が進行中です。

中期経営計画

▶中期経営計画（2013 – 2017年度）　2013年3月発表
　　1.イノベーティブ医薬品の製品ポートフォリオ・研究開発
　　　パイプラインの強化
　　2.多様なローカルニーズに対応した競争力のある事業展開
　　3.低コスト体質への展開
　【計数目標 2017年度】
　　売上高：13,000億円
　　原価率：37%
　　販売管理費比率：48%（うち研究開発費比率14%）
　　営業利益：2,000億円（売上高比15%）
　　当期利益：1,100億円
　　為替前提：1ドル 90円、1ユーロ 120円

よくわかる医薬品株

大塚ホールディングス (4578)

株価チャート

　株式市場では米国での抗精神病薬『エビリファイ』の特許切れによるジェネリック参入の影響を意識する1年となりました。株価の値動きも小幅にとどまりました。とりあえず業績と株価はエビリファイの特許切れの影響を織り込んだといえます。2016年度は営業利益700億円へ半減するところからの再スタートです。中期経営計画では2018年度までに営業利益を1,700億円まで引き上げる方針です。営業利益700億円から1,700億円への回復を株式市場では半信半疑でみています。達成可能とすれば株価へのインパクトは大機なるでしょう。それだけに樋口達夫社長の有言実行、指導力が注目されます。

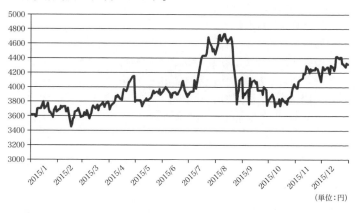

(単位:円)

会社紹介

　大塚グループ（同社および同社の関係会社）は、176社（連結子会社102社，持分法適用会社は17社）の企業集団で、事業

198

の核をヘルスケアに置き、国内・海外で医療関連、ニュートラシューティカルズ関連、消費者関連およびその他（倉庫・運送業，液晶・分光事業および化学薬品等）事業などを幅広く展開しています。その中核は医薬品事業とニュートラシューティカルズ〔Nutraceuticals：nutrition（栄養）＋ pharmaceuticals（医薬品）の造語〕です。

　大塚ホールディングスとして 2010 年 12 月 15 日に東京証券取引所第 1 部に上場、医薬品業界最後の大物 IPO（新規公開株）として話題になりました。医療用医薬品は大型化する主力製品の抗精神病薬エビリファイや子会社大鵬薬品の抗がん剤などで高収益を上げ、ポカリスエットやカロリーメイトなどのニュートラシューティカルズ事業も利益貢献しており、独特のブランド力を持つ企業として注目されます。しかし上場直後からエビリファイの 2015 年特許切れが視野に入り、後継品の開発などによる特許切れ対策が急務となっていました。

セグメント情報（2015 年度）

（単位：億円，%）

	売上高	百分比	営業利益	百分比
医療関連事業	9,718	67	1,568	103
ニュートラシューティカルズ事業	3,302	23	313	21
消費者関連事業	432	3	▲33	▲2
その他の事業	1,452	10	59	4
調整額	▲452	▲3	▲388	▲26
計	14,452	100	1,518	100

業績

　足元の利益は半減しています。エビリファイのジェネリック（GE）参入の遅れなどで米国の売り上げが上振れしていますが、2016 年の収益は大幅に落ち込み、2017 年以降の回復を探ること

になります。第 2 次中期経営計画で示した 2016 年度営業利益 1,000 億円確保へ向けたチャレンジが続きます。同計画では 2018 年度に売上高 1 兆 4,400 億円、営業利益 1,700 億円という目標を掲げています。

業績推移 1

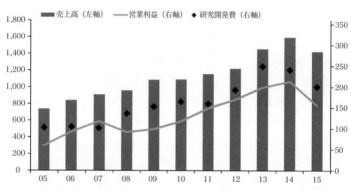

注：2008 年度以前は大塚製薬の実績値 （単位：10 億円）
　　決算期変更に伴い 2014 年度は 2014 年 1 月–12 月の参考値 (未監査)

業績推移 2

(単位：10億円)

年度	11	12	13	14	15
決算期	2012/3	2013/3	2014/3	2014/12	2015/12
売上高	1,154.6	1,218.1	1,452.8	1,571.8	1,445.2
営業利益	148.7	169.7	198.7	213.8	151.8
研究開発費	159.2	192.4	249.0	249.8	201.0
当期利益	92.2	122.4	151.0	155.1	84.1

注：決算期変更にともない2014年度は2014年1月–12月の参考値(未監査)

注目の新薬開発動向

抗精神病薬『エビリファイメンテナ』と『レキサルティ』、腎臓の難病である常染色体優性多発性のう胞腎（ADPKD）治療薬『サ

ムスカ』、抗がん剤『ロンサーフ』など新製品を相次いで投入し、開発力の高さを証明しました。これからはフェーズIII段階にある三つのアルツハイマー型認知症と認知症に伴うアジテーション治療薬の開発成否が注目されます。

中期経営計画

2016年度において、中期経営計画策定時の既存事業は計画以上の進捗

2018年度以降の持続的成長に向けたアバニアへの投資（2019年以降利益貢献）

国内医療環境の変化、および為替の影響を反映

	2016年度計画	2018年度参考値*	2019年度以降
第2次中期経営計画営業利益	1,000億円	2,000億円	
	新薬群＋NCによる増収		
	長期収載品（後発品促進策の影響）		
既存事業の営業利益見通し	1,100億円	1,800億円±α	
	為替(100⇒120円/ $)		
	アバニア買収		利益貢献
営業利益の見通し	700億円	1,700億円±α	
営業利益の見通し （アバニア償却費除く）	900億円	1,900億円±α	

*第2次中期経営計画策定時からの主要な前提変更のみを考慮した見通しによる参考値

よくわかる医薬品株

大正製薬ホールディングス (4581)

株価チャート

2015年はラグビーワールドカップ日本代表チームの冠スポンサーとなったことで注目度が高まりました。2019年のワールドカップ日本開催を待ちたいです。ただし業績面では苦戦が続いています。国内のOTC市場は縮小均衡でヒット商品が不在です。ドリンク剤依存から抜け出すことは古くて新しい課題です。OTC市場の活性化が急務ですが、サプリメントや健康食品、スポーツドリンクへの展開などで起死回生の一打がでるかどうかは上原明社長の決断次第でしょう。

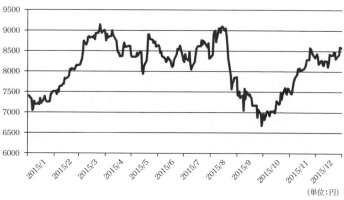

(単位:円)

会社紹介

OTCの国内最大手、セルフメディケーションの推進役です。リポビタンDで有名なドリンク剤、パブロンブランドの総合感冒薬、リアップブランドの発毛剤が3本柱です。医療用医薬品は感染症領域を中心に展開しています。

第7章 主要銘柄を紹介

セグメント情報（2014年度）

(単位：億円, %)

	売上高	百分比	営業利益	百分比
セルフメディケーション事業	1,763	61	311	97
医薬事業	1,142	39	21	6
その他		0	▲12	▲4
計	2,905	100	320	100

業績

　業績は雌伏の時が続いています。国内のOTC市場には若干回復の兆しはありますが縮小均衡、大型製品が少なく依然としてドリンク剤の売り上げに依存する構図です。同社の収益はリポビタンシリーズの売り上げと販促経費に連動する部分が大きく、医療

業績推移1

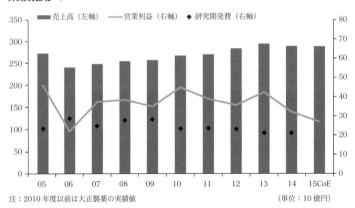

注：2010年度以前は大正製薬の実績値　　　　　　　　　　　　　　　　(単位：10億円)

業績推移2

(単位：10億円)

年度	11	12	13	14	15CoE
決算期	2012/3	2013/3	2014/3	2015/3	2016/3
売上高	271.2	285.2	296.0	290.5	290.0
営業利益	38.4	35.3	41.7	32.0	27.0
研究開発費	24.2	23.3	21.9	21.6	-
当期利益	24.4	26.3	32.7	24.5	21.5

203

よくわかる医薬品株

用医薬品事業は主力抗菌剤『ゾシン』のジェネリック参入、2016年4月の薬価引き下げと合わせて収益は厳しくなります。新規事業の芽がいまだに見えず、リポビタンシリーズのブランド再構築にも経費投入が必要です。医療財政の逼迫や高齢化、健康志向の強まりを考えるとOTC、セルフメディケーションの潜在需要は大きいと考えられます。OTC向けの新製品の開発などによる需要喚起が待たれます。

注目の新薬開発動向

医療用医薬品は消炎鎮痛の『ロコアテープ』を発売、ビスホスホネート系骨粗鬆薬『CT-064』を申請中ですが、フェーズⅢに開発中の新薬はありません。フェーズⅡに過眠症治療薬『TS-091』、抗TNFα抗体関節リウマチ治療薬『TS-152』があります。新薬の研究開発に資金を要する医療用医薬品事業を存続させるためには、さらなる規模拡大が必要です。収益をいかにバランスさせていくのかが課題です。

【著者略歴】

酒井 文義（さかい ふみよし）

アリゾナ州立大学財務学部を卒業後、英国の化学会社ICIに入社し、5年間、日英で勤務。その後、山一證券経済研究所企業調査部、ソシエテ・ジェネラル証券調査部、2002年からドイツ証券株式調査部でほぼ一貫して医薬品セクター担当アナリストを務める。
2005年7月よりクレディスイスファーストボストン証券会社（現クレディ・スイス証券株式会社）入社。株式調査部ディレクター、シニアアナリストとして勤務。日本証券アナリスト協会検定会員、ディスクロージャー研究会医薬品専門部会委員。
著書に「医薬品業界2010年の衝撃」かんき出版、共著に「世界の薬価・医療制度早引き書」、「バイオシミラー・バイオベターの開発・事業化支援マニュアル」ともに技術情報協会

よくわかる医薬品株
業界の特長から主要銘柄の見方まで

2016年4月12日　初版1刷発行

著　者	酒井　文義
発行者	織田島　修
発行所	化学工業日報社

東京都中央区日本橋浜町 3-16-8　（〒103-8485）
電話　03(3663)7935(編集)
　　　03(3663)7932(販売)
支社　大阪　**支局**　名古屋　シンガポール　上海　バンコク
ホームページアドレス　http://www.kagakukogyonippo.com/

（印刷・製本：ミツバ綜合印刷）
本書の一部または全部の複写・複製・転訳載・磁気媒体への入力等を禁じます。
©2016〈検印省略〉落丁・乱丁はお取り替えいたします。
ISBN978-4-87326-664-0　C0033